ドリーム・ハラスメント

「夢」で若者を追い詰める大人たち

高部大問
TAKABE, Daimon

イースト新書
124

はじめに

「夢を持つことを強制されている」

これは、学者や評論家のコメントではありません。ある高校生からの、生の声です。夢に苦しむ若者たちの存在を目の当たりにした瞬間でした。

はじめまして。大学の事務職員として学生のキャリア支援に従事しています、高部大問と申します。

大学生の7割以上は卒業後の進路で就職を選びます。その就職活動における面接で、彼らは夢を問われています。面接官を経験した方であれば、「あなたの夢を教えてください」「10年後どうなっていたいですか」など大学生に夢を聞いたことがあるのではないでしょうか。

実はそれ、ハラスメントなんです。もちろんすべてではありません。なかには夢を持ち、夢の実現のために日々努力して生きている若者もいるでしょう。

しかし、私が現場で相談を受けるのは、「夢なんて無いんですけど、どう答えればいいんですか」という嘆きや不満の声です。私はこれを「ドリーム・ハラスメント」と呼んでいます。嫌がらせだと感じる受け手が後を絶たないからです。

大学生だけではありません。高校や中学校に呼ばれてキャリア教育の一環で講演をさせていただくと、同様の被害を多数見聞きします。

冒頭の高校生に加え、「夢が無いからお前はその程度なんだ」と親御さんに咎められたり、「お金持ちなんて夢はダメ」と先生に指導されたりしているのです。東京大学に進学者を出すような学校でも、です。

被害報告は次々と届いています。臨場感溢れるリアルな声に触れていただくため、一部ですが、原文のまま御紹介しましょう。

「世の中の大人は夢に向かって一直線で行くことを勧めてくる」

「親に『まだやりたいこと見つからないの？』とか『お母さんはもう高校生のうちに決まってたよ』とかよく言われている」

「『夢はまだ決まってません』と言ったら、『そんなのは、ロクな人生を送れない』と言われました」

「日頃から夢を持たないとと強迫観念のようなものがありました」


一方で、こんな声も挙がっています。

「自分のなりたい夢を親に言ったらお前には無理だろって言われた」

「中3のときの担任に『結婚して幸せになりたい』という夢はダメと言われた」


その結果、次のように思い至っているのです。

「小さい頃から夢、夢、夢……色んな人に言われ続け、正直うっとうしい」

「夢に模範解答なんてあるわけないのに『あなたの夢は何ですか？』とひたすら問われるのはもうバカバカしい」

「夢を持てっていう風潮、意味分かんないです」

「小学生のときに夢を具体的に決めるように強制されて以来、将来の夢という言葉が嫌い」
「夢が無いことがそんなにダメなのか」
「夢に強制されないで、生活していきたい」
「夢に囚われずに生きたい」

これが、生々しい若者の本音です。

当初、まさかこれほどまで若者たちが夢に悩まされているとは思いもしませんでした。しかし、10000人以上の若者たちの声と、先生や保護者への600時間以上のインタビューを経て、もはや看過できない域に達していることを痛感しました。温かいエールのつもりで発している「やりたいことをやっていいよ」でさえも、背中を押すどころか若者たちを苦しめる凶器と化している可能性があります。若者たちはいま、想像以上に夢に追い詰められています。

「夢ごときがハラスメントになるはずが無い」、そうお考えの方もおられるでしょう。しかし、事態は逆なのです。

たしかに、夢のハラスメントなんて今後も法的に裁かれることは無いのかもしれませんが、「夢ごとき」と認知されているからこそ、これまで夢のハラスメントは暴かれることがありませんでした。そして、「ハラスメントになるはずが無い」という無自覚な思い込みこそ、実はハラスメントの温床なのです。

「自分はそんなことしていない」とお思いの方もいらっしゃるでしょう。当然です。若者たちの声は保護者や先生を始め、大人の皆さんには届いていないのですから。「夢を持つことを強要されて悩んでいる」と打ち明けたところで、まともに取り合ってくれる大人はほとんどいません。

でも、加害者に自覚が無くとも受け手が嫌がらせだと判断すれば、それは残念ながらハラスメントです。事前に相談できていれば、ハラスメントに発展することは無かったでしょう。

「夢なんかで騒ぐな」という声もあるでしょう。しかし、「夢なんか」であれば、なぜこれほどまでに夢に縋《すが》り、夢を重要視してきたのでしょうか。最重要事項だからこそ、若者たちに強く夢を注文してきたのではないのでしょうか。

「なぜそれほどまでに夢に悩むのか理解できない」と首を傾げる方もおられるでしょう。メカニズムはこうです。

何でもいいから夢を持てと言われているのに何にもやりたいことが思い付かない。だからこそ、そんな自分に劣等感や焦燥感を覚えるのです。それほどまでに、大人は夢を携えて生きるスタイルが当たり前だと無自覚に宣伝してしまっています。

夢って、そもそも持つことも実現することも難しいからこそ、夢ですよね？　夢の大半は本来的にハズレくじですから、「夢を持て」は「当たらない宝くじを買え」と言っているようなもの。たしかに、買わなければ宝くじは当たりませんが、強要するのはおかしな話です。「夢は叶う」と誇大に宣伝されますが、アタリが多発する宝くじなど宝でも何でもありません。語義矛盾です。

夢は「現時点において非現実的な事柄」を指します。それゆえ、夢を叶えるためには脇目も振らず不断の努力が必要不可欠なのです。大袈裟な言い方ではなく、「死ぬ気で」一心不乱に努力せねば成就しない。犠牲にせざるを得ないことも多いでしょう。

２０１９年に自国開催となったラグビーW杯で日本代表選手の多くが口にしたのは「犠牲」という言葉でした。日当僅か１０００円と引き換えに、家族との時間はもちろん、自分の時間をも犠牲にし、年間２４０日も合宿に充てたのは、夢の祭典でベスト８入りという夢を果たすためでした。これほどまでの犠牲を伴うのが夢です。

ですから、「夢を持て」とは、言い換えれば「非現実的で死ぬほど大変だが、あらゆる犠牲を払ってもいいと思えるものを持て」という強迫です。そんな大層なものに巡り合えればラッキーですが、普通は持てるはずが無い。夢の強要は嫌がらせ以外の何ものでもないのです。

考えてみれば、人は誰しも、「叶えたい夢があるから是非生んでほしい」と両親に懇願してこの世に生を受けたわけではありません。夢は、「無いのが普通」です。

仮に、夢を持てるとしても、それは進学時や就職時に一斉一括で全員が持てないといけないのでしょうか。大人の皆さんは夢を携えキャリアを歩んでこられたのでしょうか。

もちろん、経済が右肩上がりで、マイカーやマイホームなど個人的なマイドリームを持てた時代はあったでしょう。

でも、皆が夢を持てる時代はそう長くは続きません。あくまで例外。バブルという夢が崩壊したように、それは幻想であり極めて異例な現象です。

いま、日本は夢を持ちやすい国なのでしょうか。物質的に豊かになり、「無いものが無い」という満たされた状況で、強烈に何かを欲するというのは万人にできることではありません。それなのに、私たちはつい若者たちに「夢は?」「やりたいことは?」と執拗に迫っていないでしょうか。

若者たちへの一方的な夢の押し付けはフェアではありません。それならば、大人自身は夢を持ち、若者たちが夢見たくなるような生き方を実践していると言えるでしょうか。

ただし、本書の目的は犯人追及ではありません。

なぜ夢のハラスメントが起き、なぜこれまで明るみに出てこなかったのか。また、夢とはそもそも何なのか。20世紀に「見るもの」から「持つもの」へ主要用途が転じた「夢」の意味。夢が持てる場合はどのようなプロセスで生じるのでしょうか。こうしたメカニズムを解明したうえで、「夢は持つべき」という思い込みを解き放ち、生き方の選択肢を増やすことこそが狙いです。

いま、世の中は右を見ても左を見ても夢まみれです。夢に溢れているという意味ではありません。「夢は叶う」「夢を持て」のオンパレードで、夢のプレッシャーに溢れているという意味です。

まるで、夢が無いと仕事に就くことすらできず、幸せな人生を送れないかのような大合唱です。

夢が持てない若者は社会不適合者や反社会的な人間なのでしょうか。夢が無いと頑張れない人よりも、夢など無くとも頑張れる人の方が、よっぽど社会で活躍するように思いますが。

夢に苦しむのは、学校に馴染めなかったり勉強が苦手で夢見がちな若者くらいだと思われるかもしれません。しかし、実は、勉強が得意な学業優等生たちも被害者の1人だという盲点が明らかとなりました。その意味で、ドリーム・ハラスメントは多くの若者たちが無視できないアジェンダです。

ただし、本書は若者向けではありません。なぜなら、彼らに「夢は必需品じゃない」と告げるだけでは、多少の救いにはなっても、キレイゴトに過ぎないからです。ただのポジティブ・シンキングに持続的効果は期待できません。いくら「頑張れ」とエールを送ったところで、社会が変わらなければ一時的な気休め程度にしかならないのです。

私たち大人の仕事は、躾や社会化と称して若者たち個人を改造し既存社会に押し込むことではなく、夢の持てる社会の実現や夢を持たなくとも生きていける社会の構築に汗掻くことではないでしょうか。

個人に手を加えるだけでなく、社会の側にも手を施さなければ、個性はねじ曲げられ、多様性は未達成のままです。若者たちが自分を押し殺し、夢に食い殺されている現状を知っていただければ、見て見ぬふりはできないはずです。皆さんの将来の支え手は彼らなのですから。

そのために、若者たちの本音の集積場である教育現場から声を挙げ、これまで明らかにされてこなかったドリーム・ハラスメントという社会的イシューに照射したいと思います。

本書が、ドリーム・ハラスメントの問題に知恵を絞る契機となれば幸いです。

ドリーム・ハラスメント　目次

第三章　タチの悪い悪意無き共犯者たち

第四章　夢を持たないとヒトは死ぬのか

第五章　それでも夢を持たせたいならば

第一章　夢に食い殺される若者たち

どこへ行っても夢まみれの社会

いま、若者たちは、私たちが想像する以上に、夢に取り囲まれています。

まずは学校を覗いてみましょう。

最も本格的な取組では、生徒に大学卒業後の節目の28歳時点を見据えて人生を考えさせる「28プロジェクト」（品川女子学院中等部・高等部）や、メジャーリーガー・大谷翔平選手を輩出した花巻東高校の「逆算型生徒手帳」による夢実現教育などが挙げられます。

ここまで大掛かりでなくとも、授業中に夢を発表させたり、進路面談で夢を聞く学校は少なくありません。卒業文集に夢を書かせるのも定番です。

小学校でも、5・6年生向けの道徳教材『心のノート』（文部科学省）には、「夢に届くまでのステップがある」という題目があります。そこでは、元野球選手・イチロー氏が夢の体現者の例として掲載され、自分の夢と対比させて書くワークシートになっています。

そして、こんな一節で締めくくられています。

「あなたも夢の実現に向けて確かな歩みを続けよう」

こうした事例から、子どもたちに隠れたメッセージが届けられていることにお気付きでしょうか。そうです。「夢は重要」「夢は持つべき」という前提思想が、子どもたちに刷り込まれているのです。

刷り込まれている、という表現に抵抗を感じる方もおられるでしょうが、たとえば、これまでの音楽の教科書1354冊に掲載された楽曲を調べると面白いことが分かりました。「ゆめ」「夢」から始まる歌は160曲以上に上り、「きぼう」「希望」の倍以上あったのです（『歌い継がれる名曲案内 音楽教科書掲載作品10000』日外アソシエーツ）。夢の重要性は人々のなかにスムーズに浸透してきました。

学校に溢れる夢、夢、夢。子どもたちは、まず夢を決めてそこから逆算的に人生を歩むよう指導されていたのです。

学校だけではありません。学校の外も夢まみれです。

多くの芸能人やアスリートが「夢は叶う」「夢を持とう」と発言していることは、枚挙に暇が無く、皆さん御承知の通りです。

先ほど、学校の音楽における「夢」の多さを御紹介しました。試みに、邦楽全体をみてみましょう。日本の楽曲は2000曲以上がタイトルに、60000曲以上が歌詞に「夢」という単語を用いていたのです（JOYSOUNDオフィシャルサイト）。

世界に目を向ければ、日本の英語の教科書でも取り上げられ、1964年にノーベル平和賞を受賞したマーティン・ルーサー・キング牧師の有名な演説は「I Have a Dream」でした。その半世紀後の2014年、最年少でノーベル平和賞を受賞したマララ・ユスフザイ氏は「子どもは自分の限界を超えた夢を持つべき」と発言し、ともに夢の重要性を説いています。

社会に溢れる夢、夢、夢。大学に進めば、夢の呪縛から解放されるでしょうか。

実は、大学に行ってからの方が、夢に苦しむことになります。

大学生の7割以上は就職活動をします（『学校基本調査』文部科学省）。長らく就職活動生のバイブルと言われてきた『絶対内定』（ダイヤモンド社）の第一章は「就職活動を始める前に『夢』を描こう」で始まっており、『面接担当者の質問の意図』（マイナビ出版）では「あなたの夢は何ですか？」という面接での質問に対する答え方の対策まで記載されています。

なぜ、就職活動に夢が必要とされるのでしょうか。それは、企業活動に関係しています。どういうことかというと、就職活動生が企業から内定を獲得しようとすると、企業の求める人材であることを証明せねばなりません。ということは、企業の歩む方向性と符合していなければならないのです。

では、企業の歩む方向とは何か。どんな企業でも結構ですので、何社かホームページを覗いてみてください。ほとんどすべての企業が「ビジョン」を掲げていることに気付かれると思います。示し合わせたかのように、です。このビジョンこそ、企業の歩む方向です。

就職活動生は、こうした企業に歩調を合わせて自己PRせねばなりません。すると、どうしても「夢が無い」とは言い難い。相手がビジョナリー・カンパニーであるならば、こちらもビジョナリー・ピープルである必要がある。そう錯覚してしまうのです。あまりに多くの企業が判で押したように「ビジョン」を掲げているからです。

事実、長年にわたって新入社員の意識調査を実施している日本生産性本部のある研究員は記者会見で「日本の企業は、若い世代に夢を持たせることも必要ではないか」と述べています。国家の生産性にも夢が欠かせない原動力であるということでしょう。

先ほど、大学に行ってからの方が夢に苦しむ、と申し上げました。その理由を御説明しておきましょう。

大学までは、とりあえず目の前のことをやっておけば叱られることはありません。しかし、大学生の就職活動では、将来の夢を答えられなければ内定という社会へのパスポートがもらえない可能性があるのです。

大学の就職担当者に提供される『就職指導・支援ハンドブック（2018年度版）』（日本私立大学協会就職委員会）には、「優良な企業かどうか、働き甲斐のある企業かどうかを知るためには、まず企業経営者の理念や経営ビジョンを知ることが重要です」とあります。

そのうえで、「就職をとおして自己実現したいことを明確にしない限り就職活動はスタートも相談もできません」「自分の理想像や将来身に付けたい資格などを具体的にまとめさせ、ビジョンを持たせます」と手厳しいコメントが並びます。

自己実現や理想像といった夢が無いと就職活動すらできず相談も受け付けないということでしょうか。就職する前段階における夢の必需性が説かれているだけでなく、夢を強引に持たせようとする意図が見て取れます。

いかがでしょうか。以前、ある男子高校生から「将来の夢が無いと就職できないと思っていた」と言われて驚きましたが、どうやらこの高校生の予感は的中していたのです。

ただし、彼にはひと言付け加えねばなりません。実は、就職した後も、夢が重視されているということを。


「将来の夢」は転職面接でもよく聞かれる質問です。その証拠に、エン転職、doda、リクルートエージェント、リクナビNEXTなど転職支援サービス各社が「将来の夢」を質問する意図や答え方の指南を情報提供しています。夢を聞くことで「自主的・能動的に動ける人材かどうか」を判断し、「意欲的な人かどうかを見たい」のだそうです。

回答のポイントは「仕事に関する夢かどうか」「企業の考え方とマッチした夢かどうか」で、「応募企業のビジョンや方向性とズレがないよう、『この会社で叶えたい』と伝えられるといいでしょう」と助言されています。

回答例として、「私の夢は、『ほかの人ではなく、キミと仕事がしたい』と信頼される営業に成長し、お客様や自社の発展に寄与する人材になることです」はお手本回答、「私の夢は、営業という仕事を極めて、生活を安定させることです」は失敗回答であると紹介されています。生活の安定を夢見ることで活力が漲りハイパフォーマンスを上げる社会人もいていいと思いますが、彼らは「模範的」ではないようです。

また、「サーフィンの世界大会に出ること」など、プライベートに偏った夢を語ることもマイナスイメージになるそうで、「3年後にこの会社で必要とされる社員でいたい」など、「夢に日付をふって回答」するといいのだそうです。

読めば読むほど受け答えが難しくテクニックやリテラシーを要する印象ですが、ここまで御丁寧にアドバイスやサンプルまで提示されているところをみると、少なくとも、「夢は必須である」と受け取るのが自然でしょう。

実際に、若者たちはこんなふうに感じています。

「夢があった方が就職のときに役に立つ」
「夢があった方が将来的にも便利」
「進路の話をする度に、夢は？　やりたいことは？　と散々聞かれてきて、夢を持たなければダメなのかと考えていた」

他にも、若者たちから多数寄せられるのは、夢が無いことを「おかしいこと」「悪いこと」「いけないこと」「恥ずかしいこと」だと思い、「張り詰めていた」「焦りだけが募っていく」「負い目を感じていた」「追い詰められていた」という声です。

結果、「夢を持つということを義務のように感じていました」とまで思わせてしまっているのです。


どこへ行っても夢、夢、夢。

学校も学校の外も夢。大学に行っても夢。就職しても夢。転職でも夢。若者たちは夢まみれの社会に生き、夢に追い掛け回されています。

夢を実現した人々は確かに存在するでしょう。ですが、彼らには最初から夢があったのでしょうか。ビジョナリーな企業には、最初からビジョンがあったのでしょうか。

夢はただの後付け物語

結論から申し上げれば、最初から夢があったというのは私たちの思い込みです。

「The Power of Dreams」の企業CMでお馴染みの世界のホンダ（本田技研工業）のオフィシャルサイトにはこんな一節があります。「夢をかなえるために、今日も一人ひとりが、チャレンジを続けています」。日本を代表する企業であれば、きっと最初から夢があり、夢に基づき起業されたビジョナリーな企業であると考えがちです。

ところが、創業者の本田宗一郎には初めから壮大なビジョンがあったわけではありません。盟友・藤澤武夫と新婚夫婦のように日々の行動を共にし議論を交わし、創立7年後にようやく経営理念が確定しました（『本田宗一郎 夢を力に』日本経済新聞社）。

同様に、実業家の稲盛和夫氏が京都セラミック（現京セラ）の経営理念を確立したのは若手から反乱を受けた創業3年目でした（『稲盛和夫のガキの自叙伝』日本経済新聞社）。「経営の神様」と称される松下幸之助に至っては、松下電気器具製作所（現パナソニック）を創立後14年目にして初めて「この世の貧しさを克服する」という経営理念を定めています（『松下幸之助 夢を育てる』日本経済新聞社）。

ここから分かることとは、名経営者といえど、必ずしも予め壮大なビジョンを持ち合わせているわけではなかったということです。夢など無い状態で社会という海に船出し、山あり谷ありで荒波を潜り抜けた先に、ようやく夢というビジョンを描いていたのです。

夢が組織の重要な原動力であることを明言しているのはソニーです。『Works 72』（リクルートワークス研究所）では「夢はソニーの根幹でありＤＮＡ」であると紹介されています。

ところが、創業者の井深大は、東京通信工業（現ソニー）を起業する際に夢を持っていたわけではありませんでした。そうではなく、官庁や放送局などから与えられた仕様書に基づきモノを生産するなかで、「何か大衆に直結した商品をやってみたい」と思ったのです（「Sony History」同社オフィシャルサイト）。同社のもう一人の創業者・盛田昭夫も、創業当初は「その日その日を暮らして」おり、「何か仕事を見つけていく」ような状態で、とても「将来どうなろう」などという「大きな望みなんて抱いてなかったというのが本当」と回顧しています（ビデオ『日本解剖 経済大国の源泉』ＮＨＫエンタープライズ）。

やはり、まず行動が先で夢は後から、が実態なのです。

ここまでは、企業という組織における夢について御紹介してきました。一方で、個人のキャリアという意味ではどうでしょう。夢が先なのでしょうか。

たとえば、スターバックスを成長させたハワード・シュルツ氏は「自分が会社の経営者になろうとは夢にも思わなかった」と語っています（『スターバックス成功物語』日経ＢＰ社）。

同様に、いまや世界が熱狂し、アメリカの歴史あるニュース雑誌『TIME』の「世界で最も影響力のある100人」（2015年）にも選ばれた片づけコンサルタントの近藤麻理恵氏は、「まさか片づけが仕事になるとは」と予想だにしなかったことを告白しています（『人生がときめく片づけの魔法』サンマーク出版）。

国家的偉業を成し遂げた人々についても、決して最初から夢があったわけではありません。たとえば日本地図を完成したとされる伊能忠敬が地図の製作に従事したのは隠居生活後です。当初は正確な暦をつくることがミッションで、そのために地球の正確な大きさを知る必要があり、江戸から蝦夷地を歩いて計測したのが始まりです。

製作された蝦夷地の地図の正確さに驚いた幕府が、続けて東日本と西日本の地図づくりを命じ、約15年半掛けて日本地図（『大日本沿海輿地全図』）が完成します。

日本に開国を迫ったペリーをも驚かせたと言われる伊能図は、「偉業と夢が無関係」であることを示しています。忠敬は、日本全土の正確な形状とサイズを把握しようなどと夢見ていたわけではなかったのです。

地球から更にスケールを拡げて、宇宙規模の偉業でも話は同じです。1960年代のNASAの有人宇宙飛行の成功には、ロケットの打ち上げに欠かせない計算係として陰で尽力した黒人女性たちの存在がありました。この、実話に基づく知られざるヒロインたちの活躍を描いた映画『Hidden Figures』で主役を演じたタラジ・P・ヘンソン氏。彼女は、白人男性ばかりの職場で劣悪な環境ながらも孤軍奮闘した主人公の役作りの過程で気づいた事実を次のように語っています。「誰も『世界を変えてやる』なんて思っていなかった」「普通の女性たちが偉業を成し遂げた」（映画『ドリーム』フォックス2000ピクチャーズ Blu-ray）。邦題こそ『ドリーム』ですが、宇宙規模のスケールの大仕事でも、最初から夢があったわけではなかったのです。

教育関係者にインタビューを重ねると、若者たちに夢を求める際の後ろ盾として支持している歴史上の人物がいることが分かりました。教育者の吉田松陰です。明治維新の精神的指導者であった松陰は、こんな言葉を残したとされます。

「夢なき者に理想なし、理想なき者に計画なし、計画なき者に実行なし、実行なき者に成功なし。故に、夢なき者に成功なし」

　ここで見逃せないのは、夢が無ければ成功できないという主張の前提に、夢は自ら持つものであり、本人の努力次第で持つことが可能なものである、という条件が配置されている点です。

　実際に、「夢が無いと何事にも頑張れない気がする」「夢のある人が成功していくものだと勝手に思っていた」「小さい頃からずっと同じ夢があって、その夢を叶えるというのがサクセスストーリーであり、その生き方が良いと世間ではよく言われているので、そう生きなきゃと思っていた」という高校生たちの声は、その影響力の強さを物語っています。自覚的な場合はまだましかもしれません。「夢とか目標が無いと人生設計がうまくいかないようだと無意識に思っていました」というように、無意識のレベルにまで浸透しているのが「夢なき者に成功なし」という言説なのです。

　ところが、です。

　松陰が祀られている松陰神社に直接確認したところ、「夢なき者に成功なし」を松陰本人が言ったという記録は現状どこにも見当たらない、というのです。すなわち、成功に夢が必要であるという主張は、誰かが後から都合の良いように編集した物語だった。無意識の偏見《アンコンシャス・バイアス》です。

考えてみれば、明治維新（1868年）は、18世紀後半のアメリカ独立革命やフランス革命のように市民革命ではありませんし、大日本帝国憲法（1890年）も天皇が定めた欽定憲法です。日本で個々人が夢を持ち、夢見れる時代はまだまだ先のこと。

日本人が信教、学問、結婚、居住・移転・職業選択などにおいて自由を認められたのは、そこから約半世紀後の1947年（日本国憲法）以降です。明治維新の実現でさえ見届けること無く1859年に没した松陰が「夢なき者に成功なし」と確信を持てたとは考えにくいでしょう。

昔の偉人たちの話は縁遠くリアリティを感じづらいかもしれません。時を現代に戻し、現実的なスケールの話を差し上げましょう。

身近な偉業として、有名大学に進学する人には夢があるのでしょうか。私が勤務する大学の学生たちは「どうせ東大の人には夢があるんでしょ」「東大に行くような人しか夢は叶えられない」と嘆いていました。

この嘆きが本物ならば、非銘柄大学の学生には成す術が無く致し方ありませんが、事実と異なるならば実に勿体無い話です。自分たちの目で確かめたわけでもないのに妄想に屈する必要はありません。

そこで、「東大生には夢がある」という仮説がただの偏見なのか事実なのかを確かめるべく、実際に東京大学に出掛け、インタビューし、検証してみたらと勧めました。

約30名ほどですが、東大生がアポイント無しの突撃取材にもかかわらず快く応じてくれました。その結果、何と3割もの東大生に「夢が無い」ことが明らかになりました。日本のトップの大学に進学するのに夢は必需品ではないということです。

たしかに、東京大学の学生生活調査の結果をみても、8割以上が「将来に悩み」を抱えており（『東大新聞オンライン』公益財団法人東京大学新聞社２０１６年1月14日）、就職活動で1社からも内定を獲得できない東大生もいるようです（『内定とれない東大生』扶桑社）。

東大生だからといって、全員に夢があり、悩みなんて無く順風満帆の人生、とはいかないということでしょう。

以上のように、組織も人も、私たちが期待するほど「夢ありき」ではありません。別段、夢の先決を非難したいわけではありません。そうではなく、往々にして、行動が先にあり、夢は後付けである実態を確認しておきたいのです。

それなのに、私たちは他人の偉業をみると「夢があった」ことにしたい。そう思いたい。なぜでしょうか。

その方が理解しやすく、好都合だからです。他人だけでなく自分をもスムーズに納得させるためには、夢の存在を認めた方が説明が楽なのです。

社会学者のライト・ミルズはこのことを「状況化された行為と動機の語彙」と表現しました。これは、ある行為の動機が行為に先立って存在するのではなく、その行為について後から誰かに説明する際に、相手の理解しやすいフォーマットに従って使用する語彙が変更されていくというもの。正当化は強引に自分を納得させますが、状況化は自他ともに自然な形で納得をもたらします。

つまり、実際には夢など事前に無かったとしても、周囲の理解や納得が得られやすいために、言葉を状況に応じて取捨選択し、夢が予めあったことにしておく。物語を後から編集してしまうのです。

面白い事例があります。兄弟漫才コンビ・中川家の剛さん（兄）は、礼二さん（弟）についてTV番組のなかでこうコメントしていました。

「弟は駅名を覚えるだけで、友達もおらずどうしようも無いと感じ、お笑いの世界に誘った。いまになって（礼二さんが）『中2から計画を立てていた』と言っているが、あれは嘘（笑）」

剛さんの証言が正しいとすれば、礼二さんは状況に応じて御自身の記憶を上書きし、「夢があったこと」にしている。つまり、状況化しています。その方が、他人にも説明しやすいだけでなく、自分自身をも納得させられるからです。

礼二さんが特例なわけではありません。「犯行動機」「志望動機」など、私たちは行動という結果の前に動機という原因を求めがちです。原因と結果の因果律は、私たちが物事を理解する際の効率的なフォーマットなのです。

原因と結果と言えば、ジェームズ・アレンの『「原因」と「結果」の法則』は聖書に次ぐロング・ベストセラー書籍ですが、そのなかの一節には「夢を抱きましょう」と記されています。

多くの人類が衣食住に困らなくなったいまの時代、夢という原因を携えて人生を歩むことが幸福という結果に結び付く。それが人生における確かな成功法則だというのです。夢を持ったところで10人中8、9人が失敗するはずですから、やや無責任でいい加減な法則だとは思いますが、「夢は持たなければいけないものだとずっと思っていた」というように、若者たちを信じ込ませる魔力があります。

どうやら、私たちは状況化され勝手に夢をでっち上げているようです。他人の成功や偉業をみたとき、「あの人にはきっと予め夢があったのだ」と都合良く解釈する。夢というタグを後から貼り付けるのです。たまたま実現できただけという偶然説に比べれば、夢を出発点とした必然説の方が説得力があり信じるに値するからです。納得するためには、夢は好都合なのです。

状況化された大人から「だからあなたも夢を持ちなさい」としたり顔でメッセージされる若者たちは、夢の先決を過度に求められる現状に疑問を抱き、嫌気が差しています。「小学生の頃から、将来の夢を無理矢理書かされる状況がとても嫌で、夢があるのが当たり前みたいな世の中に違和感を覚えていた」という不快感。

「『将来の夢は何ですか？　またその理由を答えなさい』とよく質問されるけど、必ず将来の夢があって、その理由まであるという『決まり』のようなものが私はずっと嫌いだった」という嫌悪感。

ある高校生は「昨今の学生には夢や大学進学への明確な理由は少なく、ただ言われたから、就職に有利だからと答える人は多い」と分析していました。そして、そのうえで、「実際私もその内の1人です」と。

実態と乖離した非現実的な要求。教条主義的な大人たちからそんな無理難題をリクエストされ、若者たちは汲々とし、夢に魘《うな》されています。彼らの個性がねじ曲げられているのです。

まず夢を決めて順序良く計画的に進む生き方ばかりを過度に称賛し、画一的に強要する多様性無き教育の弊害について、内部関係者として申し上げておく責務を感じます。

次節では、看過できないドリーム・ハラスメントの被害実態を直視いただきたいと思います。

夢にねじ曲げられる若者の個性

夢に苦しむ若者たちの声は、枚挙に暇がありません。

「夢は絶対に創らなくてはいけないものだといつも焦っていた」

「周りの子が持っていると『自分も決めないと』と焦っていました」

「周りの大人は自分の将来を決め付けてくる」

「色々な先生方が『まず夢を持って……』とか仰って困っていた」

「正解が無いのに押し付けてくる世の中に不満を持っています」

「いつの間にか、夢のことを自分が心の底から欲するものというより、定めておかなければならない目標のように捉えていました」


数々の心の叫びを教育現場で見聞きしています。

これまで延べ10000人以上の中高生にキャリア教育の一環で講演をさせていただきました。全日制普通科の学校だけに限らず、定時制や通信制、専門学科や総合学科、進学校から進路多様校まで、多種多様な若者たちと出会いました。講演後の匿名アンケートで「今日最も響いた言葉」を自由記述で書いてもらっているのですが、集計してみると、「夢は必需品ではない」というフレーズを挙げる中高生が2000人を超えていました。別の質問項目も含めると、全体の約25％に上ります。

少々乱暴な概算ですが、全国の中高生約660万人まで広げると、約165万人が「夢は絶対に持たなくてはならない」と思っている可能性があります（『文部科学統計要覧（平成31年版）』文部科学省）。小学生と大学生を含めると約400万人。都道府県別人口で第10位の静岡県の人口を上回る若者たちが、夢に苦しんでいる計算になります（『日本の統計2019』総務省統計局）。

流石にここまでの悲観的なシナリオは実態を反映していないと信じたいですが、そもそも、若者たちは本当に夢を求められてきたのでしょうか。彼らが勝手に苦しんでいるだけではないのか、と訝しがる方もいらっしゃるでしょう。

しかし、そんな予想を裏切るように、教育界は明確に若者たちに夢をリクエストしてきました。キング牧師は「I Have a Dream」の演説で「私には夢がある」と自己申告しただけで、決して「夢を持ちたまえ」と他人に強要はしていません。ところが、日本の教育界はそうではありませんでした。

たとえば、全国の高校の進路指導担当教員へのアンケート調査では、教員自身が考える「望ましいと思える価値観」として、「私的自己実現」「社会的自己実現」が挙げられています(『高等学校の進路指導に関する意識調査』ベネッセ教育総合研究所2004年)。自己実現とは夢のことですから、学校の先生たちは夢を持つことが善である、と考えているのです。

また、首相の諮問機関である教育再生実行会議の第十次提言(2017年)では、「子供たちの誰もが夢と志に向かって頑張ることができる国創りに向けて、教育再生を行っていかなければなりません」とあります。万人を夢に向かわせるという高難度の目標を掲げているのです。

そして、『第3期教育振興基本計画』(文部科学省2018年)では、教育政策の基本方針の1点目に、「夢と志を持ち、可能性に挑戦するために必要となるチカラを育成する」とあります。しかもこれは、各都道府県の教育委員会の教育長や知事、市長、大学の学長、学校長、理事長など全国津々浦々の教育関係者トップに通知されているのです。

若者たちに夢を求めてきたのは教育行政や学校だけではありません。彼らに呼応するように、家庭も、若者たちに夢を求めてきました。

『第8回「高校生と保護者の進路に関する意識調査」2017年報告書』(一般社団法人全国高等学校PTA連合会・株式会社リクルートマーケティングパートナーズ)によれば、9割以上の保護者が「夢や目標を大切にしなさい」と言っています。

また、同調査では、保護者が子どもと進路の話をする際に使う言葉で「自分が好きな事をしなさい、やりたい事をやりなさい」が最多(56・3%)であると紹介されています。そう言われると、「やりたいこと(夢)」は「あった方が良いんだ」と解釈し、更に「なるべく早めに見つけることが望ましい」と思っても何ら不思議ではありません。保護者の側にその意図が無くとも、子どもたちはメッセージをプレッシャー付きで受信しているのです。

実際に、「進路選択で保護者にやめてほしいこと」は、「望みを高く持ちすぎないでほしい」(30・7%)が最多で、「プレッシャーばかりかけないでほしい」(24・6%)と続いています。

私自身、「新学期に行われる三者面談や夢を語れと言われるような場面は強制的でプレッシャーを感じてしまい、親や先生方に判断を委ねることが多いです」と言う高校生に出会いました。同様の声は1件や2件ではありません。

保護者からの「より良く生きるための教え」を、その通りに実践できない場合、若者たちは自己嫌悪に陥ってしまいます。夢の場合、本来の意味からして助言通りに持つことや実現することが不可能である確率が高いため、夢を求めるだけでは若者たちを「夢が無い自分はダメなんだ」という隘路に導くことになってしまうのです。

このように、教育行政・学校・家庭は三位一体で若者たちに夢を求めてきました。では、その結果、若者たちは晴れて夢を持つに至ったのでしょうか。確認しておきましょう。

高校生では約6割が「夢がある」としていますが（『高校データブック2013』Benesse教育研究開発センター）、「中学生の将来希望と職業志向性」を調べた法政大学の多喜弘文先生によれば、「中学生の方が高校生よりも明らかに夢を持っている」といいます（日本教育社会学会第68回大会）。つまり、成長するに従って夢を失っていると言えます。

成人を経てどうなるかといえば、全国の20代以上の男女で夢を持っているのは51・9％。つまり、約半数は夢を持てていません（『日本ドリーム白書2018』全国都道府県及び20指定都市）。人は、年齢を重ねるごとに夢から覚めて現実的になるということでしょう。

『夢をかなえるゾウ』（飛鳥新社）が2007年に出版されて以降、同シリーズは累計350万部を突破し、ドラマや舞台、アニメやゲームなど活躍の場を拡大しています。が、それとは対照的に、人々の夢は萎む一方なのです。

ドリーム・ハラスメントの主たる被害者は、夢を持とうにも持てない若者たちです。「夢という夢は無くて、母や祖母に将来の夢を決めなさいとか言われるけど、本当に無くてイライラしてた」「私は将来の夢が無く卒業文集などでも困っていた」などは私自身が見聞きしてきた被害の言葉です。

大人の求めに反して、若者たちは夢を持つことができていません。では、それを受けて、教育界はどのように反応したのでしょうか。

たとえば、『21世紀の夢調査』（財団法人日本青少年研究所1999年）について文部科学省は、「日本は人並みの平凡な仕事を選びたい傾向が強く、夢や希望がなく」と批判的に総括しています。

また、文部科学大臣の諮問機関である中央教育審議会は、「青少年が夢を持ちにくく、規範意識や道徳心、自律心が低下」しており、そのような現状の教育を「危機的な状況」

と危惧しています（『新しい時代にふさわしい教育基本法と教育振興基本計画の在り方について（答申）』中央教育審議会２００３年）。

総括と危惧を経て、どのような解決策を講じたのか。先にみたように、約15年経ってもなお、教育再生実行会議や文部科学省の方針は、夢を全国の若者たちに装着させるという従来通りの計画が踏襲されているのです。

既にお気付きの通り、教育界が取った立場は、若者たちに夢を持たせようという自分たちの目論見の正当性を点検したり反省するものではありませんでした。夢を持たせるプランを取り下げるのではなく、どうすれば万人に夢を持たせられるだろうかと、更にアクセルを踏み込んだのです。

それだけではありません。教育界は、若者たちが夢を持てない問題の所在を、彼ら自身の努力不足に見出し、責任を押し付けました。大人の求めに応じないはみだし者や落ちこぼれとして批判し、烙印を押してきたのです。

『高等学校の進路指導に関する意識調査』（ベネッセ教育総合研究所２００４年）によれば、「高校教師が進路指導上困っていること」は「教師の多忙さ」を除けば「生徒に起因する課題」が最多。そのなかで「進路について考える意識が低い」は57％（うち「やや困っている」40％、「困っている」17％）。1997年の同調査から不変で、半数以上の先生たちが生徒の意識を問題視し続けていることが分かります。

それだけではありません。同調査では、1997年からの大きな変化として、「厳しい新規学卒者の就労環境への対応」などを背景に、「望ましい職業観・勤労観の形成などに関わる指導」の重要性が大きく伸びていると記されています。

ところが、そうした環境変化とは裏腹に、2004年の調査で「社会が求める人材像の変化」を進路指導上の課題だとした教師は全体の23％（うち「やや困っている」20％、「困っている」に至っては僅か3％）にとどまっています。

20世紀から21世紀に移り、若者たちを取り巻く環境が劇的に変化するなかで、多くの先生たちは環境変化を無視または軽視した。それよりも、問題は社会ではなく若者たちにある。すなわち、夢に向かって努力せんとする目的意識が低い。それこそが問題だと、半数以上の先生たちが主張したのです。「他人のせいにしてはいけない」と子どもたちに教える大人が一方的に子どもたちのせいにするのは言行不一致。自責の強要は他責です。

ここまで、若者たちが夢を持てない現状と、そのことを問題視し、責任転嫁する教育界のスタンスをみてきました。

不幸なことに、若者たちにとって、更に追い討ちを掛けられるような不利な状況が生み出されてしまいます。夢を持てない問題の原因が若者たち自身にあるという主張に理論的根拠が与えられてしまったのです。

理論的根拠と言っても堅苦しく取っ付きにくい理論ではありません。寧ろ、その逆です。いまやお馴染みの心理学が、夢問題の責任追及に加担したのです。いえ、厳密には、加担させられたと言った方が正確でしょう。心理学自体には、若者たちを苦しめる意図はありませんので。

心理学は心の問題を扱います。「モチベーション」「アイデンティティ」など、個人にとっては自分の内面の問題を扱ってくれる有り難い学問でもあります。心の持ちよう次第で生きやすくなるわけですから、多くの個人を虜にしないわけがありませんでした。

心が未完成で不安定な個人を相手にする教育界は、心理学を味方に付け、個人の「意欲」や「興味・関心」を学習のエンジンとして最重視しました。個人の「好き」や「やりたい」という内なる動機によって学習意欲を高めることを良しとしたのです。

これは、表向きは個人に最大限配慮した恰好ですが、裏を返せば、意欲が高まらないのは興味・関心の対象が見つかっていないからで、それは見つける努力が足りないからだ、という言い方も論理的には可能になります。

折角「君の好きにしたまえ」と自由を与えたのに、君はその権利を行使しなかった。それは君自身の自由意思による君自身の落ち度であり怠慢である、というわけです。社会でうまく立ち回れない個人に対して、「それはあなたの心の問題である」と責任を押し付けることができてしまうのです。

こうした大人たちに夢を持てない若者が感じるのは、「持てぬなら持たせてみせよう」という温和な親切ではもちろんありません。「持てぬなら殺してしまえ」という冷酷な強迫です。

夢が持てずに苦しむとき、その原因は社会の側にあるのではなく、あなた自身の心にある。心理学は、意欲問題を自己責任化するリスクを孕んでいたのです。

このように、夢が持てない若者たちは、夢が持てないことだけに苦しんでいるわけではありません。手強い理論によって補強された責任追及にも苦悩しているのです。夢が持てないだけでなく、その責任まで擦り付けられる彼らは、もはや満身創痍で八方塞がりの状況です。

「いつも夢に向かって努力しろと言われてきた」

夢という目的地を定め、目的地に到達するために自分を押し殺してでも一心不乱に歩き続けよという初志貫徹の人生指南。人は初心を忘れず一貫していなければならぬというプレッシャー。若者たちは、自由に個性を発揮することを許されず、大人の夢計画に付き合わされているのです。

夢に苦しみ、個性がねじ曲げられた結果、彼らはどのようなリアクションを取っているのでしょうか。教育現場でインタビューを重ねると、ドリーム・ハラスメントを受ける若者たちの反応が、幾つかのタイプに分類できることが分かりました。

正解志向と忖度力は当然の帰結

ドリーム・ハラスメントによって個性がねじ曲げられた若者たちは、幾つかのタイプに反応が分かれます。

1人目は、夢に出合える日を待ち続ける待機型です。

彼らは「自分には明確な夢が無いのでこのままで大丈夫か不安だった」「将来の夢が決まらずどうしたらいいか分からずにいました」「夢が無いから何もする気が起きません」などと言います。

やりたいことは何だろうかと悶々としながら、夢に出合える日を夢見るのが特徴です。

「夢は？」の問いに困惑し、成す術無く身動きが取れないケースもあれば、ただ現実逃避の道具として夢という言葉を使っているだけのケースもあります。

なぜ、夢の訪れを待つのでしょうか。それは、決断できないからです。夢を真面目に考え出すと、何を夢にすべきか躊躇してしまうのです。何かを夢と決めるということは、それ以外の選択肢を捨てることも同時に意味します。そんな大きな判断をいまこの瞬間に実施していいものか。答えはどこにも落ちておらず、誰も教えてくれません。だからこそ、決断できない。断つべき選択肢を決められないのです。

「夢があるとひとつのことに囚われてしまって、自分に合った職などを見逃してしまうかもしれない」「夢を決めてしまったらその道しか見えなくなってしまう」という若者たちの懸念が正にそれです。彼らは「正しい夢」という正解を待っているのです。

夢を待ち続ける待機型とは違い、夢を慌てて拵《こしら》える若者たちも存在します。「いままでは押し付けられるような形で形成した夢だった」「無理に夢をひねり出そうとしていた」「大人に『夢は何?』と聞かれて、何となく答えただけなのかもしれない」「『夢』を無理矢理見つけなければいけない、という焦りに駆られていた」「打ち込める何かが欲しかった」などの声が代表例です。これが、2人目のタイプ、即席型です。

彼らは一時的に夢問題から解放され楽になれますが、その後、闘いが待ち受けています。ひとつは自分との闘いです。即席型の夢は悩み抜いたうえでの自己決定ではないため、後になって、「本当にこの道で良かったのだろうか」「自分には向いていないのでは」と後悔する可能性があります。次の2人の高校生の証言のように。

「やりたいものが見つかっている私は果たして幸せなのでしょうか。たしかに、進路は決めやすいかと思いますが、選択肢をいつの間にか狭めている気もします」

「親などに夢は持った方が良いと言われ、調理師という夢を持ちましたが、もう少しゆっくり考えたかったです」

いまひとつは他者との闘いです。こんなことがありました。『未来の履歴書』を中学生に書かせる取組を行っている、ある中高一貫校の副校長先生からの本音です。

その方曰く、「学力のある子は『夢は医者』なんて書くが、『流石にお前に医者の適性は無いだろ』と思う生徒も学力だけで書いてしまっている」と。

これには驚きました。もちろん副校長先生が言わんとすることはよく分かります。医師とは人の命を預かる責任重大な職業。そんな職業を志すのですから、学力はもちろんのこと、「医師になりたい」という意志に加えて医師に相応しい適性も必要になることでしょう。しかし、子どもたちに「夢を自由に書きなさい」と注文しておきながら、いざ夢を書いたら書いたで全否定し「注文と違う」とするのはいかがなものでしょうか。

表の顔では「多様性や個性を尊重」と言っておきながら、裏の顔では「分不相応な夢は見るな」と真逆のことを思っているのです。「身の丈に合った」夢を持てとでもいうのでしょうか。そもそも夢とはその時点では現実から飛躍したフィクションのはずなのに。

個別の学校だけの話ではありません。文部科学省は『キャリア教育の推進に関する総合的調査研究協力者会議報告書』（文部科学省2004年）のなかで「社会の現実を見失いがちな現代の子どもたち」と若者に批判的なレッテルを貼っています。

自分たちが非現実的な夢をすべての子どもたちに持たせようと躍起になり、夢を煽っておきながら、「現実を見失いがち」とは掌返しもいいところです。大人は誠に手前勝手な生き物です。即席型の若者たちはこうした手強い大人と対峙せねばなりません。「夢を持て」、でも「分不相応な夢は見るな」という相矛盾するメッセージは、「遮眼帯を着けながら周りも見て走りたまえ」という到底不可能な無理難題です。若者たちからすれば、「じゃあ一体どうすればいいの」と出口の無い迷路に苦しめられ、ノイローゼに陥るのが本音でしょう。彼らは表面上うまくやり繰りしていますが、内心はパニック状態です。意地悪な大人を前に、身動きがとれず立ち尽くして当然ではないでしょうか。

どうやら、大人は夢のストライクゾーンを勝手に設けているようです。かつて「夢に日付を」というフレーズが流行りましたが、「夢に点数を」付けるまでになったのでしょうか。夢の採点など余計なお世話です。いつから夢は許可制になったのでしょうか。

若者たちがリクエストされているのは個性の発揮ではなく、大人が求める個性の発揮。のびのび育つ「天然モノ」の若者は望まれず、大人の思惑通りに育つ「養殖モノ」の若者が量産されようとしています。即席型の若者たちもまた、大人の考えを忖度し、正解志向に陥ってしまいます。

ここまで、ドリーム・ハラスメントへの反応タイプとして、夢を待ち続ける待機型と夢を慌てて拵える即席型をみてきました。両者は、「夢は重要なものである」という命題を受け入れている点で共通しています。

夢を欲するからこそ、夢を待ち侘びたり、インスタントな夢を用意したりする。なぜなら、大人に認めてほしいからです。大人の期待に何とか応えようという表現方法が、夢の待機型や即席型なのです。

一方、これから御紹介する最後のタイプは、「夢は重要」という命題を受け入れません。彼らは、取り調べのような夢問答に辟易し、その場凌ぎのために大人が喜びそうな夢を差し出します。

たとえば、「夢を見つけろと強制されているので適当に言っている」「何も思い付かなくて、とりあえず『会社員』と答えていた」「周りに合わせてサッカー選手などと希薄な動機で答えていました」などが代表例です。

前二者と異なり、唯一夢の問いに反抗的なのがこの捏造型です。彼らは、表面的には大人に従いながらも腹の内では背くという、面従腹背の戦術を採用します。

ある高校生は、「いままで『夢』と聞かれてもピンとこないので、大人に喜ばれそうな『平和な安定した生活』とか『大企業に就職』とか、正直思ってもないことばかり書いてきた」と本音を吐露してくれました。

また、別の高校生は「いまの私はやらなくてはいけないことに追われて好奇心を置き去りにしていた」と述べています。

人のキャリアを研究対象としたキャリア理論には、計画的偶発性理論《プランド・ハップンスタンス・セオリー》という考え方があります。これは、「良い偶然が起きるような計画的行動」を推奨するもので、良い偶然を引き寄せるための必要な条件のひとつに「好奇心」が挙げられています。

2019年、人類で初めてブラックホールの撮影成功を主導した天文学者の本間希樹先生は好奇心の重要性に言及しました。「人間は宇宙でも何でも、見えないものを見たいという好奇心から始まる」（毎日放送『情熱大陸』2019年4月14日）。

大学受験に失敗し、就職活動でも苦労した天才物理学者アインシュタインも、自分自身に備わっているのは「特別な才能」ではなく、情熱的なまでに旺盛な「好奇心」だけだと述べています。「なぜ磁石はいつも北を指すのか」「なぜ月は夜だけ輝くのか」「なぜ海は青いのか」といった止め処無く沸き上がってくる興味・関心を、彼は放棄しなかったのです。つまり、遠大な夢は持たなくとも、身近にある小さな好奇心には蓋をしなかった。だからこそ、特許局で仕事をしながらも研究を続け、物理学の常識を根本から覆す偉業を成し遂げ「現代物理学の父」となったのです。

しかし、先ほどの高校生の発言を思い出してください。「好奇心を置き去りに」させているのですから、良い偶然なんて起きるはずがありません。

捏造型のなかには、実は夢を持っている若者も少なくありません。本心ではユーチューバーや作家を目指すことにしても、「公務員になりたい」など内心では思ってもいない嘘を提出しているのです。なぜそんなことをするのでしょうか。

それは、本音を差し出したところで、即席型のところでみたように、「そんな夢はダメだ」「もっと視野を広げよ」などと否定されるのがオチだと予見できるからです。

だから、ある高校生が打ち明けてくれたように、「私には夢がありますが、誰にも言ったことがありませんし、これからも言うつもりはありません」と防衛的に身構えるのです。

なぜ、夢があるのに表に出せないのか。ある高校の先生への取材で明らかになりました。「夢や目標は皆あるんだと思う。けれど、秘めちゃっている。『何そんな青臭いこと言ってんの？』『そんなんで食っていけるの？』などと言われてきた過去があるのだろう」と、自戒を込めて仰っていました。

「没頭できるものを持て」しかし「視野も広く持て」という、夢中と俯瞰のダブルバインド《二重拘束》。そんな迷惑なものに悩まされるくらいなら、大人の説得に力を使うよりも大人がお気に召すであろう当たり障りの無い夢を提示する。その方が、本来の夢に専念できてコスパが良いのです。

夢の有無にかかわらず、捏造した夢が大人に認められた場合、不幸なことに、その成功体験によって若者たちが学習しているのは、一時凌ぎや顔色窺いの価値。彼らに身に付いているものは、夢などではなく妙な適応能力だということです。

ドリーム・ハラスメントの直接の被害者は、ここまでみてきた3タイプの若者たち、すなわち、待機型・即席型・捏造型の若者たちです。いずれも、夢に翻弄され、夢に振り回され、苦肉の策で状況化してきた結果です。

各人の状況化の仕方には相違がありますが、誰も夢の呪縛から完全には解放され得ないことは共通です。加えて、そのことによって結果的に若者たちに身に付いているのが正解志向と忖度力である点も共通です。個性がねじ曲げられているのです。

若者たちの「正解探し」の姿勢を批判する声は少なくありませんが、大人たち自身が蒔いてきた種が芽を出しただけの話です。「没個性」などと若者を揶揄する表現がありますが、彼らの個性を葬り去ってきたのは大人たちの仕業なのです。

「私は、あまり納得がいかないことでも、大人が言ったことの言いなりになる」

若者たちは致し方無く、周囲への受けの良し悪しを気にしながら、大人という権威への答え合わせに人生を費やしています。好奇心に蓋をし、大人の期待に寄り添い続ける人生。それほどまでに、夢の影響範囲は広く、夢の包囲網から抜け出すことは難しい。

一時期、車の煽り運転が社会問題化しましたが、若者たちが大人から受けている嫌がらせは「夢の煽り運転」です。

人生のドライバーとして駆け出しの若者たちに、後ろから猛スピードで「夢を持て！」と煽る大人たち。ブレーキを踏めば大事故になりますから、脇に一時停止する以外には、アクセルを踏み続けるしか選択肢は残されていません。

それで目的地をうまく見つけられればまだ幸いですが、多くは即席や捏造の目的地。

「そっちの道は違うぞ！」「どこへ行くんだ！」など怒号を浴びせられることもしばしばです。

これが、教育現場で確認されたドリーム・ハラスメントの実態です。

「夢」に「死」と書いて、「群がる」ことを意味する「薨《みまか》」るという漢字があります。ドリーム・ハラスメントの被害者たちは、夢に薨る大人たちに食い殺されているのです。

では、なぜドリーム・ハラスメントは生じ、しかもそれはいままで隠されてきたのでしょうか。発生メカニズムと隠蔽メカニズムを解明する前に、「夢」について理解を深めておきたいと思います。

大人にとっては使い勝手の良い武器であり、若者にとっては苦しめられる凶器にもなる「夢」。ここまで特に定義せずに話を進めてきましたが、改めて、「夢」とは一体何者なのでしょうか。次章では、手垢にまみれながらも、社会に根強く流通し続ける「夢」という言葉に迫り、メスを入れ、再定義を試みたいと思います。

第二章　職業以外の夢が認められない異常

「夢＝職業」という画一的な夢観

「夢」とは何でしょうか。

以前、「夢＝職業と結び付けて考えていた」と言ってくれた高校生がいましたが、私たちは普通、「夢」という言葉を職業と紐付けて考えます。幼い頃に聞かれるのは「大きくなったら何になりたい？」ですし、毎年発表される「なりたい職業ランキング」は子どもたちの「夢」として報告されています。

たとえば、小学6年生までを対象にした調査では、「学者・博士」がそれまで「夢の代表格」だった「野球選手」と「サッカー選手」の双璧を崩し、15年ぶりに子どもたちの「夢の代表に返り咲き」と報告されています（『第29回「大人になったらなりたいもの」調査』第一生命保険株式会社２０１８年）。

しかし、夢は職業でなければいけない、という決まりはどこにもありません。「なりたい職業はあっても夢は無い」という若者の声もあります。「結婚して幸せな家庭を築く」ことを夢見たって、「サーフィンの世界大会に出る」ことを夢にしたっていいのです。個人的な持ち物である夢は、本来他人の立入禁止区域ですから。夢はただの代名詞。夢という変数には何でも代入可能です。

それなのに、若者たちが夢を求められるとき、それは十中八九、「なりたい職業」や「やりたい仕事」を指しています。既述の通り、学校の先生や転職時の面接官から求められる夢の問いへの模範回答は、職業にまつわる事柄でした。

ということは、「なりたい職業が無い」若者たちは「夢が無い」と断定されてしまいます。仕事で叶えられる事柄だけを夢とする。夢のストライクゾーンが職業という枠内に限定されてしまっているのです。

これに対して、若者たちはどのように反応しているのでしょうか。

「私は明確な夢(職業)を持っていない現状を恥だと思っていました」

「夢が無い自分は無理矢理考えさせられ、限定的な夢を書かされるのはとても腹が立っています」

「中学1年生の頃から、進路についての学習をさせられましたが、『夢』と言っても『職』についてのことに限られていて、未だに夢の無い私にはとても辛いものだった」

若者たちは、職業に限定された夢を無理矢理考えさせられることに立腹したり、夢を持っていないことを恥ずべきことだと自己責任感に苛まれたりしているのです。

こうした職業優位・職業以外劣位の仕事礼賛の風潮は、若者たちの誤解でしょうか。夢を職業に紐付ける彼らの職業的夢観は勝手な思い込みでしょうか。実態を確認していきましょう。

そもそも、職業的夢観は、昔から揺るぎ無かったわけではありません。かつて「職業こそが人間に生きがいと存在証明と自由を与える」とした『13歳のハローワーク』（幻冬舎）の主要メッセージは「好きを仕事に」でした。好きなことを仕事にしていいんだ、という子どもたちの驚喜は、同書が学校現場で根強く活用されてきた理由でしょう。

同書は、職業こそが生きる意味であり、アイデンティティであり、幸せをもたらすものである、と全面的に訴え掛けます。心躍らせた子どもたちも多いのかもしれません。逆に言えば、同書が出版された2003年までは、まだ世の中で「好きを仕事に」が当たり前の前提条件にはなっていなかったのです。では、その後はどんな動きがあったのか。

文部科学省の『中学校職場体験ガイド』（文部科学省2005年）では、中学1年生における事前指導・事前学習に「将来の夢や職業、働くこと等を通し自分の生き方について考えよう」とあります。職業は生き方にまで影響を及ぼす重要な存在として配置されています。

そこから10年後の東京大学とベネッセの調査では、「中学3年生と高校3年生という進路選択の時期は、将来について深く考える時期」であり、「これらの経験が、将来なりたい職業を持つうえで有効に作用する」とされています（『子どもの生活と学びに関する親子調査2015』東京大学社会科学研究所・ベネッセ教育総合研究所）。「将来なりたい職業」を「持つ」ことが良いこと、という命題が前提条件に配置され、市民権を獲得している様子が窺えます。

そして、就職活動や採用活動にかかわる学校関係者や企業関係者の多くが教材として読む『就職白書2019』（就職みらい研究所）には、「『やりたい仕事』『自分に合う職場』につながる早期転職なら問題ない」という一文があります。若年層の早期離職について安心させるメッセージでしょうが、ここには、「やりたい仕事」があるに越したことは無い、という前提が隠れています。

この一文に特段の疑念を抱かない私たちは、同時に、「やりたい仕事」は無いよりはある方が良いに決まっている、という前提条件をも受け入れていることになります。それほど、いまでは人々のあいだで暗黙の了解として定着しているということです。
ここまで確認してきたように、職業的夢観は若者たちの誤解ではありません。寧ろ、大人が地道に醸成してきた夢観です。

では、若者たちは職業的夢を持つに至ったのでしょうか。15歳から29歳までの若者たちでは、年齢が上がるにつれて、自分の夢や希望を叶えるために仕事をすると考える割合は減少傾向にあります（『平成24年版　子ども・若者白書』内閣府）。
また、前述の『高校データブック２０１３』（Benesse 教育研究開発センター）には、「あなたには、将来なりたい職業はありますか」という設問へ「ない」と回答した生徒を、２００４年と２００９年で比較しています。その結果は、進学校で32・５％から49・０％、中堅校で30・３％から43・４％、進路多様校では29・３％から48・９％と、高校種別を問わず、様々な高校の生徒が職業的夢を持てなくなっていることが分かります。

もちろん、夢自体を持つ若者は一定程度存在します。では、その中身は職業に関する事柄なのでしょうか。全国の20代以上の夢を調査した『日本ドリーム白書２０１８』（全国都道府県及び20指定都市）には、性別・年代別夢ランキングが掲載されています。20代で夢を持っている61・8％のうち、20代男性の1位は「希望する職業に就きたい」と職業的夢ですが、30代男性の1位は「一戸建てに住みたい」、女性は20代・30代ともに「一戸建てに住みたい」が1位です。若者たちは社会への貢献よりも自分への御褒美を求め、職業的夢どころではなかったようです。

若者だけではありません。同白書によれば、「現在、夢を持っている」のは全体で51・9％と約半数ですが、どんな夢か中身を紐解いてみると、1位は「健康な生活を送りたい」、2位は「好きな趣味に打ち込みたい」、3位は「マイホーム（一戸建て）に住みたい」。

つまり、人々は仕事や職業といった生産活動ではなく消費活動に関する個人的願望を夢見ているのです。

やはり、人の夢は誘導できないということでしょう。「すべての道がキャリアに通ずる」という発想は分かりますが、どうせすべてがキャリアに通ずるならば、わざわざ「すべてを仕事に活かそう」と意気込む必要は無いように思います。それなのに、あらゆる努力という投資は職業によって回収されねばならない。そう思い込んでしまいます。そうでないと、投資したコストが無駄になる。正に、状況化です。

納得できない居心地の悪さは重々理解できますが、早合点は自己満足に過ぎません。人工的に夢を創ることはできないのですから。

空を飛びたいという夢、月面着陸の夢、所得倍増計画の夢、バブルという夢。海外旅行が夢だった時代もあれば、W杯の出場が夢だった時代もあります。人の夢は、必ずしも職業の枠のなかで強制的に芽吹かせることができるものではありません。

ある著名企業で人事部長も務めた知人のM氏の夢は歌がうまくなること。SNSのプロフィールになぜか「歌手」と記載しているほどです。彼にとっての夢は職業的達成ではないということです。

別の知人のZ氏は、「サラリーマンになること」が夢だったといいます。実家が米穀店ということもあり、幼い頃から切り盛りの大変さを目の当たりにしてきた自営業との対比で形成された憧れです。ただ、彼の場合も、特定の職業を夢とはしていませんでした。

海外の例では、私が大学時代に中国の深圳市（広東省）でのインターンシップ《就業体験》で出会った15歳前後の出稼ぎ労働者たちの夢は驚きでした。皆、口を揃えて「学校で教育を受けることが夢」だと言うのです。彼らは家族を養うために若くして時間の大半を労働に割いています。その対比として、学校で勉強することを渇望しているのです。背筋が伸びる思いでした。

こうした事例からも分かるように、職業的夢だけが人の夢ではありません。第一章で御覧いただいたように、夢は後付けのことも多く、初めから夢が無くとも良い仕事は世に沢山溢れています。ある高校の進路指導部の先生は「英語が得意な生徒に通訳を勧めるくらいしかアドバイスできない」と悩まれておられましたが、安易に職業に結び付けなくともいいのではないかと思います。

実際に、夢と職業をリンクさせなかった好例が教育界にあります。京都市立堀川高校の「堀川の奇跡」です。同校は身近なテーマへの疑問をそのまま放ったらかしにせず探究させる「探究科」を設立後、国公立大学への現役合格者が1期生（2002年卒）で前年より100名増、2004年には3年前と比べて20倍以上となり、「奇跡」と脚光を浴びました。

もちろん、大学入試のための勉強もハードにこなすため、好きなことだけやっているわけではありません。同校の理念通り、「二兎を追う」のです。

しかし、生徒の好奇心に蓋をせず、徹底的に子どもたちの主体性に賭けられる学校は多くないでしょう。同校では「君の偏差値では無理だからやめた方が良い」という典型的な進路指導はしないといいます。

偏差値で指導しない同校の良さを、「国公立合格者数」など偏差値的に評価してしまう周囲には些かの疑問がありますが、いずれにせよ、探究科は夢と職業を安易にリンクさせませんでした。職業的夢を描かせるのではなく、子どもたちの身近な好奇心という種に水をやり、芽を出そうという試みだったのです。

ある職業に就くことを夢見ることは全く悪いことではありません。ただ、それはあくまで職業の名前。生き方の名前ではありません。にもかかわらず、若者たちが「なりたい職業」を思い付かずに苦しんでいるところを見聞きする度、私たちは職業的夢を過度に重視し、礼賛し、若者たちに強要してしまっているのだと痛感します。

なぜ、ただの職業の名前が夢を独占するようになったのでしょうか。業界、業種、職種。

すべて大人が便宜上定めただけの分類用語のはずです。いまの時代だけを見つめていても答えは出そうにありません。夢観の変遷と職業観の変遷の両者を、歴史的に眺めてみたいと思います。しばし、タイムトラベルにお付き合いください。

曖昧にしてきた夢の定義

いまの時代、「なりたい職業」や「やりたい仕事」といった職業的自己実現ばかりが夢として語られます。実現対象は職業だけに限らないのに、一体いつから職業的自己実現ばかりが夢としてカウントされるようになったのでしょうか。

このことを明らかにするために、夢とは何かという「夢観」が歴史的にどう変化してきたかを眺め、様々な使われ方をする「夢」という言葉を再定義しておきたいと思います。

まずは、夢観の歴史的変遷をみていきましょう。夢観の変化は、端的に言えば、「見るもの」から「持つもの」への変化です。

世界中のベストセラー書籍である聖書には100箇所以上、日本最古の歌集である万葉集にも100首近く「夢」の記述が確認できます。しかし、そのほとんどは睡眠中の夢を指しています。古代の夢は「見る」対象としての夢だったのです。

古代の王制において、夢を見る特権者は王でした。夢見る力こそが古代王権の重要な要素だったのです。そして、王が見た夢の吉凶を夢解き師という専門職が判断していました。つまり、夢は公的なものであるだけでなく、政治にも影響を及ぼすほど重要だったのです。

どうしてそんなに夢が重要だったのでしょうか。心理学者の河合隼雄先生は、「古代人にとって、夢は神の声に等しいものであった」と記しています（『日本の名随筆（14）夢』作品社）。この頃の夢は、神のお告げによる未来の予言を意味していました。人間に夢を送るメッセンジャーは神々であり、神意の表れである夢の知らせは運命や宿命と考えられていたのです。

神のお告げを夢として王が受信し、それを夢解き師がジャッジする。このように、古代の夢は一部の人間たちの専売特許だったのです。

夢は個人が「持つ」どころか、「見る」ことですらまだ一般人には不可能な時代でした。

では、夢はいつ頃から「誰でも見られるもの」へと大衆化したのでしょうか。

海外の夢事情も研究している歴史学者の酒井紀美先生は、「古代末期から初期中世への過渡期にあたる4世紀末になると、太古の昔から由来する国王の夢から、新たな階層にまで夢見手が拡大」したとして、この時期を「夢の民主化」と呼称しています（『夢の日本史』勉誠出版）。

夢が一般大衆に広がると、夢は神聖で有り難いものではなくなり、無難で有触れた汎用品へと変化していきます。江戸時代までのあいだに、神仏に対する考え方は大きく変化し、人々の信仰心や宗教的畏怖の思いは減退していきました。合理的で科学的な物の見方を身に付け始めたのです。「夢は五臓の煩い」など、夢を見ることを神秘的体験としてではなく、自らの身体状態と関連させて捉える見方が出てきました。

18世紀後半になると、明らかに夢は古代や中世の時期に持っていた「聖性」を失って、「世俗の垢にまみれたもの」へと変わってきたといいます（『夢の日本史』勉誠出版）。

しかし、それでも、夢が「見る」ものであり、神や仏や死者といった人間を超越した外的存在からやってくるという考え方を根本的に覆すには至りませんでした。

では、夢の出自が人間の「外」から「内」へと変化し、夢が「見る」ものではなく、「持つ」ものと考えられるようになったのはいつなのか。酒井先生は、10世紀から20世紀までに、夢という言葉がどのように使用されているかを、『日本国語大辞典』（小学館）から丹念に調査しています。

すると、10世紀から19世紀までの日本では、夢は睡眠中に外から届けられるもので、その内容はこれから起こる未来の出来事の予兆であったことが分かりました。覚醒時に心の内に思い描く願望としての夢が日本の文献に登場するのは20世紀以後のことです。仮に人類の言語が完成したとされる10万年前からいままでを1年間のカレンダーに収めると、「夢」が「持つ」ものとなったのは12月31日の13時34分。まだまだ最近の出来事なのです。

たしかに、日本人が個人的願望を持つことを許可されたのは歴史的にみて20世紀以後です。19世紀は黒船が来航し、250年以上も続いた強固な幕藩体制が人の手によって倒幕されました。この明治維新という歴史的出来事は、人々の目に「社会は変えられる」という強烈な事実を焼き付けたことでしょう。

しかし、それでも、一般の人々はまだ引越しの自由すら認められていない時代です。様々な個人的願望が認められたのは、20世紀に日本国憲法が施行されて以降のこと。

一方、世界で起きた革命は、明治維新と異なり一般の市民によるものでした。18世紀後半のアメリカ独立革命とフランス革命です。

その後、ライト兄弟が人類初の動力飛行を成功させたのが1903年。アインシュタインが「20世紀における物理学史上の2大革命」と呼ばれる特殊相対性理論の論文を発表したのが1905年。偉大な個人による発見と成功が20世紀の幕開けでした。

そこから半世紀余りで、世界は人口が一気に1・6倍も増加する人口爆発を経験。しかし、発達した科学や技術の悪用から人間同士の睨み合いや戦争は激化。そんななか、キング牧師が「I Have a Dream」の演説で人種差別の撤廃を訴えたのが1963年。翌年の公民権法成立をもって、合衆国憲法制定から約180年ものあいだ差別に苦しんできた黒人たちは、法の上で白人と平等な立場を手に入れました。そして同年、キング牧師はノーベル平和賞を受賞したのです。

1人の人間が世界を変えられる。もちろん多数の協力者無くして偉業は成し得ませんが、少なくとも、核となる一個人の熱狂的な想いに、時代を動かし歴史に爪痕を刻み込むほどのパワーがあることが証明されました。

20世紀は、様々な分野において、一人ひとりの渇望的願望には実現可能性があるということを、人々が目の当たりにした時代です。言い換えれば、個人が夢を持っていいのだ、努力は報われる可能性があるのだ、と夢見れた時代なのです。

ここまで、夢観の変遷をみてきました。王の特権として「見る」ものだった夢は、その後大衆化し、自らの意志で「持つ」ものに転じました。

大昔から人々が夢に左右されている事実は不変ですが、その前提は「外」より生じる「未来予測」の夢から、「内」より湧き起こる「将来願望」の夢にシフトしました。

こうした夢観の変遷について、酒井先生は、横軸に「睡眠」と「覚醒」、縦軸に「過去」と「未来」という座標軸を設定し、前近代と近代以後の夢観を整理しています（図表1）。

10世紀から19世紀までの前近代の時期においては、夢は睡眠中に外から届けられるもので、その内容はこれから起こる未来の出来事の予兆だとされていました。もちろん、この時期にも、人々は覚醒時に未来にかかわる志や願望を抱いたでしょう。しかし、それは「夢」という言葉で表現されることはありませんでした。この時期に夢という言葉で表現されるのは、あくまでも眠って見るものに限られていました。

それが、20世紀以後に変化します。夢は自分が過去に経験したことの記憶からやってくるもので、覚醒時に心に思い描く「将来への望み」とされました。夢は眠っているとき

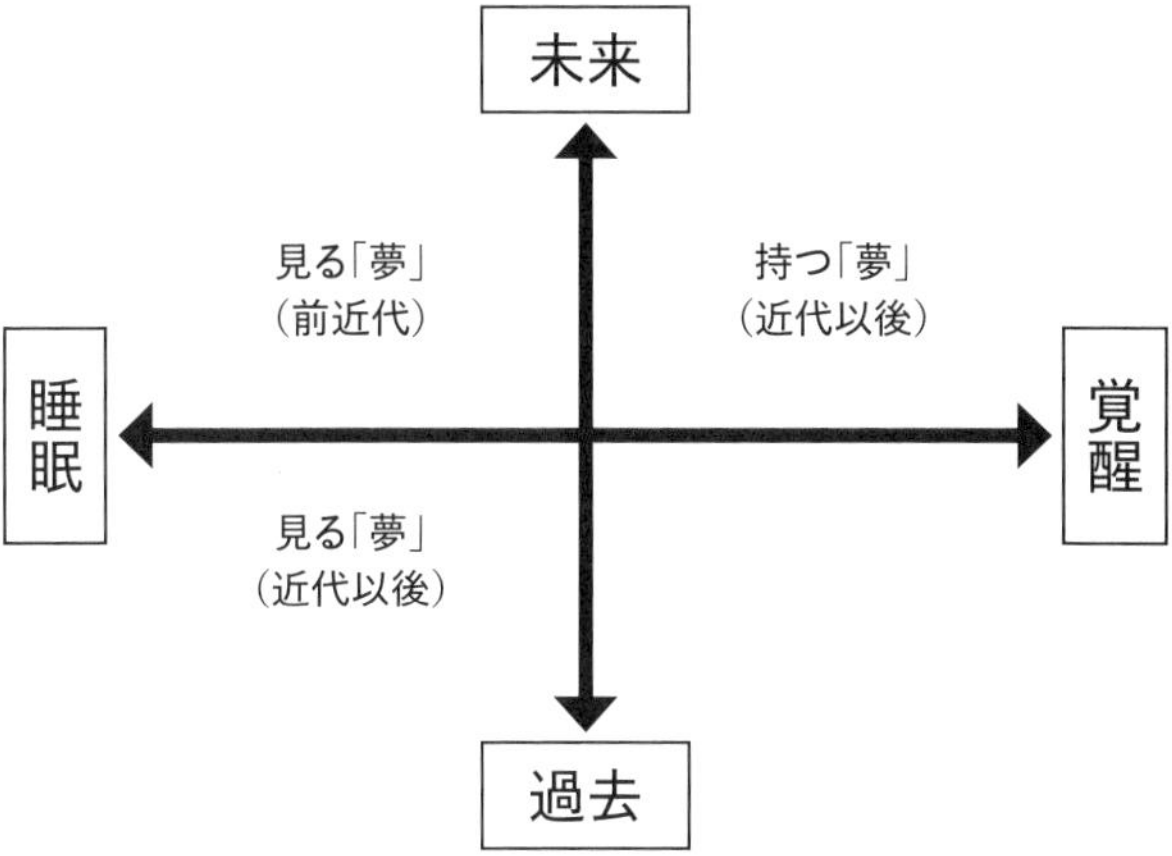

図表1　夢観の変遷
『夢の日本史』（勉誠出版）をもとに著者作成

に「見る」ものではなく、目覚めているときに「持つ」ものになったのです。ドリーム・ハラスメントは、夢が「見る」時代だった頃には生じ得なかった近代ならではの現象です。

では、改めて現在使われている、持つ「夢」とはどういう意味でしょうか。といっても、現代における「夢」のあるべき正しい定義を主張したいわけではありません。人はいちいち定義など考えずに言葉を使いますので。

正しい定義ではなく、ときに希望に満ち、ときにハラスメントの武器にまで発展する振れ幅の大きな「夢」という言葉を一時停止させ、人々が実際にどのような意味で用いているかを確認しておきたいのです。「夢」のあるべき理想像ではなく、既に社会で流通している「夢」の実像を紐解きたいと思います。

まず、確認しておきたいことは、大衆化を経て誰でも「持てる」ようになった夢には、ありとあらゆる事柄が該当するということです。

何かに「なる夢」を「ＢＥ型の夢」だとすれば、何かを「する夢」は「ＤＯ型の夢」と言えます。それらは「何か」という点で共通ですから、「ＷＨＡＴ型の夢」と一括りにできます。

他にも、たとえば就職活動生などで実際にあるケースとして、誰と働きたいかという「ＷＨＯ型の夢」もあれば、どのような働き方をしたいかという「ＨＯＷ型の夢」などもあります。

器用に姿形を変え、何にでも変身可能なのは、他人が口出しできない本人による絶対評価の領域が夢の生息域だからです。ただ、「何でもあり」だからこそ、ひとつの意味に定義することが難しく、私たちは何となくのイメージで「夢」という言葉を使っています。

若者たちはどのように捉えているのでしょうか。彼らに夢の意味を聞くと様々な答えが返ってきます。ある高校生は「『夢』というものはたとえ気が暗いときでも、常に光り続けているもの」と、素敵な表現で「夢」を形容してくれました。

たしかに、どうしても執着してしまうのが「夢」でしょう。意識しなくとも頭のなかでいつも鳴り響くBGMのように、「実現したい」などとわざわざ思わなくとも、顔を上げれば見える自分にとっての北極星。そんな印象でしょうか。

では、それは「目標」とは違うのでしょうか。若者たちは見事に使い分けています。たとえば、「なりたい職業はあるけどそれは目標に過ぎず夢は無い」「自分にはまだ夢が無くて、それでも、目標はある」「僕はいま、薬剤師という、夢というよりは目標があります」など、明らかに「夢」と「目標」を判別している。目標は手前にあり、夢は遠い先に配置しているようです。

2018年のサッカーW杯で、強豪国ブラジル代表でエースナンバー10番の重荷を背負ったネイマール選手。彼の夢はW杯優勝。重圧のなか、第2戦のコスタリカ戦で後半アディショナルタイムに待望の大会初ゴールを決めた彼は、試合後に写真共有アプリ・インスタグラムに「夢は続く……いや、夢じゃないね。いまは目標だ！」と綴りました。

ここからも分かるように、目標は実現の見通しが立ち得る差し当たりの目印。夢はその遥か先にある実現未定のフィクション。言い換えれば、夢とは「現時点では非現実的」ということです。これが、現在流通中の「夢」を構成する1つ目の条件です。

非現実的な事柄ですから、夢は実現しない可能性を大いに孕んでいます。実現しないとき、或いは実現しそうにないとき、夢はネガティブな感情をもたらします。これが、「夢」が類語の「希望」とも異なる点です。「夢」は「希望」も「絶望」ももたらす振れ幅の大きな言葉なのです。

人の世は夢の如し、と書いて「儚」いという字になります。「夢幻」と言うように、人の夢は儚く非現実的な絵空事なのです。

以前、「『夢は必需品ではない』」と聞いて、夢の無い自分は少し希望が持てた！」と言う高校生がいました。ということは、「夢」が無くとも「希望」は持てるということです。彼は、「夢」と「希望」とを別物として使い分けています。では、「希望」とは何でしょうか。

社会心理学者のランドルフ・ネッセ氏によれば、「希望」という感情は、「努力が報われるという見通しがあるときに生じ」るものとされます（『Social Research』ジョンズ・ホプキンス大学出版局1999年66号)。つまり、「希望」は感情の状態を指し、「夢」は実現したい対象を指します。やる気は「希望」で、やりたいことが「夢」なのです。

先ほど、「夢」は「現時点で非現実的な事柄」だと申し上げました。しかし、非現実的な事柄ならば何でも夢になるわけではありません。世の中に非現実的なことは山ほどありますが、それらのうち、本人の実現意欲が無ければ夢にはなり得ないのです。

プロスポーツ選手を夢見るある高校生はこんなふうに意気込みを語ってくれました。「自分はプロになりたいけど、100%の可能性は無いと思う。でも、100%なりたい気持ちはある」

たしかに、夢が実現するか否かは不確実です。しかし、夢が夢たり得るのは、「実現したい気持ち」があるからです。「成し遂げたい事柄」か否か、これが夢の第2の条件です。

もし、完全無欠の人や全知全能の神が存在するならば、彼らに夢は芽生えません。なぜなら、「成し遂げたい」と思い始めてから実現するまでのリードタイムがゼロだからです。やりたいと思ったことは何でもすぐに実行できる。それが、完全無欠であり全知全能です。「成し遂げたさ」が生じるということは、その裏側に「成し遂げられなさ」が同居しているということ。つまり、夢は欠点のある不完全な人間だからこそ芽生えるもの。満たされない人のもとにやってくるのです。

最後の条件は、当たり前ですが、「当人にとっての事柄」であることです。夢はプライベートな持ち物です。「現時点で非現実的」とは、他の誰でもなく、「当人にとって」非現実的なのです。「成し遂げたさ」についても同様です。あなた自身が登りたい山と他人が登りたい山は異なります。

この点が、「志」という言葉との差異です。それぞれどういう意味でしょうか。日本を代表する実業家の孫正義氏の座右の銘は「志高く」だといいます（ソフトバンク新卒LIVE 2012）。

孫氏の定義はこうです。「夢」は個人の欲望や願望であり、「志」は個々人の願望を超えて多くの人々の夢を叶えようとする気概（ソフトバンクキャリアLIVE 2018）。

これは、語義的意味とも符合しています。『大辞林 第四版』（三省堂）には、「志」の説明として、「相手を思いやる気持ち。人に対する厚意」とあります。やはり、自己満足だけでなく他者の満足も視野に入れた概念が「志」だと言えるでしょう。

つまり、個人的な「夢」が社会貢献性を帯びたとき、それは公的な「志」に昇華するということ。自分のためではなく、世のため人のために尽くすことを決めた人にのみ持つことが許されるアイテム。それが、「志」です。

ですから、キング牧師の人種差別撤廃という夢は志と言えるでしょう。また、社会の公器である会社を率いる企業家たちの夢は、志でなくてはならないのです。

こうして、「目標」「希望」「志」といった類似語を隣に並べながら「夢」に迫ってみると、人々がどのような意味でこの言葉を用いているかの輪郭がはっきりしてきます。

「東京ディズニーランドに行くことが夢」になり得るのは、それが話者本人にとって、いまは非現実的だけれども成し遂げたい事柄だからです。遠方に住んでいる子どもで、いつかお金を貯めて時間をつくり友達と一緒に行ってみたい。だから夢なのです。

これが、たとえば東京に住んでいて時間もお金も潤沢にあり、いつでも自由に行ける社会人の場合、夢にはならないでしょう。夢は現時点では非現実的な達成願望事項です。

また、「東京ディズニーランドに行くことが志」と言われても違和感を覚えます。それは、誰かが個人的に東京ディズニーランドに行くことが、多くの他者に幸福をもたらす事柄ではないからです。つまり、夢は当人の個人的な達成願望事項なのです。

ここまでの内容をまとめると、人々が使用する「夢」という言葉は、「当人にとって現時点では非現実的ながら、どうしても成し遂げたい個人的事柄」と定義できそうです。強引に短縮すれば、「個人的非現実的達成願望事項」とでも表現できるでしょうか。

先に御紹介した方々にも再登場いただきましょう。会社役員ながら歌の上達が夢のM氏も、サラリーマンを夢見たZ氏も、学校に行くことが夢だと答えた出稼ぎ労働者たちも、皆、周囲からすれば「そんなことが夢？」と不思議がられるかもしれません。

しかし、歴とした夢なのです。なぜなら、その時点では非現実的だけれども、本人たちにとってはどうしても成し遂げたい事柄だからです。

一般的には「自己実現」と換言される「夢」ですが、紐解くとこうした意味があると言えるでしょう。

改めて人々が用いる「夢」を再定義してみると、やはり、「現時点で非現実的」な事柄を他人が「持て」と強要することには違和感を覚えます。あまりに高過ぎる壁を目の当たりにしたとき、誰もがワクワクし、登りたいと胸が高鳴るわけではないからです。他人から強制された時点で、それは「どうしても成し遂げたい事柄」ではないのです。

数々のベンチャー企業や新規事業を育成してきた多摩大学大学院名誉教授の田坂広志先生は、多くの人々にとって「本気で夢を信じること」は難しいと述べています（『仕事の思想』ＰＨＰ研究所）。

それは、「『夢は必ず実現する！』と表層意識の世界でいかに強く念じてみても、必ず深層意識の世界で『本当に夢は実現するだろうか』との疑問が湧いてくるからです。他人に持たされた低温の夢ではこの疑問に勝てません。明日にはすぐ冷めてしまうからです。

現代の若者たちが夢に魘されているのは、本気になれるほどの夢が見当たらないからでしょう。周囲から「夢を持て」と急かされつつも、それは他人が与えてくれる持ち物ではないことを本人たちも気付いています。夢は「持つ持たない」という自己決定の問題だからです。

前近代と近代以降の夢観の大きな違いは、睡眠中か覚醒中かということ以上に、自助努力で所有可能か否か、という点にあります。

現代の若者たちは、胸を張れるような夢を持てないことが自らの自由意思の問題であり、努力不足であるという過度な自責感に苛まれているのです。

では、「当人」にとって「現時点では非現実的」ながらも「成し遂げたい」事柄としての夢に、なぜ職業ばかりがノミネートされるのでしょうか。今度は職業観の変遷を確認し、どのようにして夢と職業が結ばれたのか、みていきたいと思います。引き続き、タイムトラベルにお付き合いください。

職業観の変遷と夢化

職業観の変遷は、端的に言えば、「義務」から「権利」への変化だと表現できます。

西洋思想の原点でもある古代ギリシャのポリス《都市国家》では、労働は奴隷が行うものとして軽蔑されていました。キリスト教における労働も、神に背いて木の実を食べたイブとアダムに課された労苦でした。ともに、神による人間への「罰としての労働」です。

マイナスイメージの強かった職業観に修正を加えたのがキリスト教の新約聖書です。

「働かざる者食うべからず」。宗教的に人々を導き教える役割だった聖職者は、霊的な精神活動を重視するあまり、食物を得るための世俗的活動である労働を軽視してはならないと戒められました。つまり、苦役の労働に耐えることで「信仰の証」と見做され、労働が格上げされたのです。

この戒めは、労働による自給自足の信仰生活を目指した修道院に受け継がれ、しだいに、労働は喜ばしいもの、意義あるものに変わっていきます。

16世紀のルターとカルヴァンによる宗教改革は、この流れを更に強め、職業観にも変革を起こしました。聖職以外の一般の職業も含めて、個々人が従事する職業は神から授かった使命であると考えたのです（職業召命観）。禁欲と勤勉な労働に努めれば魂の救済に繋がる。

労働は原罪ではなくなり、宗教者の仕事以外の職業もすべて一律で天職となりました。職業に貴賤が無くなったのです。宗教改革によって、職業観は１８０度転換しました。

ただし、です。まだこの頃は神によって職業が与えられ、神のために実践するというスタイル。現代のように「自分のため」に仕事をするという職業観ではありませんでした。

神の召命に応える者として労働に勤しんだのがプロテスタント（カルヴァン派）の一大グループ、ピューリタンでした。後の、市民革命の担い手たちです。自己に厳格で清教徒と呼ばれる彼らは、忠実に禁欲・勤勉を実践します。

しだいに、一方では神への奉仕という意味合いが希薄化し、他方では禁欲的労働に専念する結果として利潤が蓄積していきます。初めから金稼ぎが目的ではありませんから、この利潤は、安価で良質な商品やサービスを世の中の人々に提供した結果。つまり、隣人愛の実践の結果物が利潤であると解釈されました。すると、利潤の多寡は社会貢献度のバロメーターとなります。

意外にも、禁欲を美徳とする宗教によって金稼ぎが正当化され、「資本主義の精神」に繋がっていったのです。資本主義の精神とは、現世で経済的に成功することが努力の報いになるという教義。「現世の努力に来世で報いる」とした宗教の統制力が衰え、人々は現世における努力を現世で回収すべく奔走し始めます。報われ方の変化が人々に呑気から短気へのマインドチェンジを強いたのです。

経済的な報いをもたらしてくれる手段は職業です。職業は「来世での御利益」ではなく

「現世での利益」をもたらしてくれます。

こうして、職業的成功者とそうでない者が同じキリスト教徒のなかに同居することが肯定されました。実質的に、富の偏在と格差の存在が認められたのです。

近代化の進展とともに信仰は薄れましたが、労働自体は残り、利潤を上げること、すなわち金儲け自体が職業の目的に置き換わるようになりました。

18世紀に入り、アメリカ独立宣言（1776年）がなされました。このとき、起草に携わったベンジャミン・フランクリンはピューリタンです。「時は金なり」というほど禁欲と倹約に努めた彼は、貧しい家庭の少年から「建国の父」と呼ばれるまでに至ります。いまでもアメリカ人から尊敬される成功者のロール・モデル。フランクリンは、アメリカン・ドリームの立証者であると同時に、資本主義精神の体現者です。

アメリカの独立宣言に影響を受けたもうひとつの革命的出来事がフランス革命（1789年）です。このとき採択された人権宣言は、「すべての人間が自由で平等である」という画期的なものでした。君主が憲法に従う立憲君主制への道が開かれ、市民には自分の人生を主体的に選び取る道が開かれたのです。

アメリカの独立とフランスの革命。ともに市民によるもので、最終的に自由と平等に帰着しています。自らの手によって、経済的自由と政治的平等を手にした人々。2つの革命的イベントによって、職業観にも大変化が起こります。

もはや仕事はただの金儲けの手段ではなく、それによって成功者になるための手段となったのです。特に、「アメリカン・ドリーム」という立身出世の概念は人々を成功へと駆り立てました。

順調にポジティブ化していた職業観ですが、異変が起こります。18世紀後半から生じた産業革命で、大量生産の資本主義時代に突入し、生産手段は手仕事から工場労働へ。人々は機械のリズムに合わせて単調に反復する労働スタイルを強いられます。非人間的とも思えるこの労働様式は「人間の疎外化」と捉えられ、労働に対する否定的見方が再燃したのです。

20世紀に入り、スピードと効率を要求されたアメリカの生産現場では仕事の達成感や充実感が消失し、「働くことの意味」を自問するようになります。その回答のひとつが、心理学者アブラハム・マズローが1960年代に提唱した「自己実現理論」です。

マズローはこう考えました。生命維持や安全性が確保され、帰属意識や承認欲求が満たされたとしても、人間は自己実現に向かって絶えず成長する。

1966年に国際人権規約で「すべての人民は自決の権利を有する」という自己決定権が認められたことなども影響し、人々にとって職業は、自ら選び、自分のために労力を費やす対象となったのです。

苦役的労働から始まった世界の職業観は、「生きるため」から「神のため」に移行し、「金稼ぎのため」「成功のため」へと変化しました。そして、最終的には、何を実現するかすらも自分で決められる「自分のため」の行為へと変化しました。いま、職業は神から与えられた所与の義務ではなく、自ら自由に選べる権利となったのです。

ここまで、世界の職業観の変遷を概観してきました。では、日本の職業観の変遷はどうだったのでしょうか。

ヨーロッパの中世と同様に、日本の中世も職業による差別がありました。差別があり、他者とのかかわりが少ない生活維持の生業では、天職など意識されませんでした。それらが意識されたのは、宗教と結び付いた江戸時代からです。日本においても、宗教が職業観に影響を及ぼしました。

江戸時代初期（17世紀）、武士から禅宗の僧侶に転じた鈴木正三は、世俗的職業生活がそのまま仏道修行であると強調しました。「世法即仏」として職業と仏教を結び付けたのです。

そして、士農工商を身分ではなく対等な「職分」だとする「職分思想」を提唱します。彼は士農工商という区分け自体を否定したわけではありません。寧ろ、区分けに応じた仕事（職分）がある。そう考えたのです。

万人に与えられた仕事を天職とし、勤労の意味が宗教的性格を帯びたのはルターやカルヴァンと同じです。

正三の職分思想は、江戸時代中期（17世紀）の石田梅岩や江戸時代後期（18世紀）の二宮尊徳に継承されます。

梅岩は町人出身の思想家で、丁稚奉公をしながら独学で儒教を学びました。当時、商人は「貴穀賤商」と呼ばれ、不当な利益を得ていると蔑視されていました。自らの手で何かを生み出すわけでなく、金銭のやり取りだけで儲けていることから、詐欺だと非難されることもありました。

梅岩は、「武士が治め、農民が生産し、職人が道具をつくり、商人が流通させる」と商人の社会的存在意義を主張しました。それが「職業に貴賤無し」という彼の代表的な教えです。

つまり、「士農工商とは社会的職務の違いであって、人間の価値の上下を示すものではない」という考え方です。

正三にしても梅岩にしても、士農工商それ自体を解消しようとしたわけではありません。アメリカン・ドリームのような階級の移動を志したわけではなく、各人の生まれながらの立場を、そのまま平等に認めようとしたのです。

二宮尊徳は、「私利私欲に走らず社会に貢献すればいずれは自分に還元される」という「報復思想」を構築しました。日々勤勉に小さな努力を積み重ねることが大きな成果に繋がるという「積小為大」が彼の哲学です。

尊徳は勤勉の代名詞となり、小学校の国定教科書に登場し、校庭には薪を背負いながら読書する彼の銅像が置かれました。

勤勉と倹約を説き、日本人の働き方に影響を与えた彼の幼名は「金次郎」。二宮金次郎を深く尊敬していたとされるのが、「日本資本主義の父」と呼ばれる渋沢栄一です。

勤勉・倹約の彼に資本主義は似つかわしくないと思われるかもしれませんが、たとえば金次郎は、使用人同士が助け合うための金融制度「五常講」を始めました。互いに金を出し合って困窮者が借りる制度です。金利も取った五常講は、1820年、小田原藩の出資で藩全体の武士を対象とする制度に発展しました。

これは、世界初の協同組合、信用組合との指摘もあるほどです。日本初の銀行（第一国立銀行）を設立した渋沢栄一が尊敬するのも頷けます。

勤勉・倹約といった禁欲的労働が利潤獲得の肯定に結実したことは、ピューリタニズムの禁欲的な職業観とオーバーラップします。勤倹の手本とされた点が注目されがちな金次郎ですが、戦後初の1円札では肖像画にも採用されています。

勤勉が尊ばれるなかで、ただ勤勉であればいいわけではないと説いたのが福沢諭吉です。『文明論之概略』（1875年）のなかで彼は、「人生の目的は衣食のみにあらず。もし衣食のみを以て目的とせば、人間はただ蟻の如きのみ、また蜜蜂の如きのみ」と記しました。

ただ衣食住を満足させるだけの労働で満足する者には人間としての進歩が無い。「衣食を饒《ゆたか》にして人品を貴くす」べく、「智徳の進歩」を果たし「文明の人」になることを勧めました。

フランス人権宣言にも影響を受けた明治維新（1868年）を経験した福沢諭吉は、教育の目的は「人生発達」であると説きました（『福沢諭吉教育論集』岩波書店）。彼は、マズローの約100年も前に、既に自己実現の概念に到達していたのです。

ただし、明治維新は市民革命ではありません。幕府を中心とした幕藩体制から、天皇を中心とした専制的国家体制に転換したのみです。つまり、封建的身分制度や人々の意識はそのままでした。

その証拠に、身分や職業を示すシンボルとして約60種類もあった「ちょんまげ」を、人々はすぐさま断髪しませんでした。明治政府が断髪令（1871年）という法令まで施行し、その2年後の明治天皇の御断髪を経て、ようやく自由な髪型が浸透し始めたのです。髪型の自由化ひとつとっても、これだけの大事でした。職業の自由化は更に先のことです。

人々が職業を自由に選択する権利を認められたのは20世紀。1947年の日本国憲法施行を経て、世界人権宣言（1948年）や国際人権規約（1966年）などの外的変化も受けながら、徐々に人々の意識変化が起こったと考えるのが自然でしょう。

総務省統計局の『労働力調査』をみると、人々が徐々に職業選択の自由を手にしてきたことが確認できます。就業者は、個人経営の事業を営む「自営業主」と、その事業に無給で従事する家族を指す「家族従業者」と、所謂サラリーマンを指す「雇用者」に分類されます。

同調査について、総務省統計局のオフィシャルサイトで公開されている長期時系列データで最も古い1953年時点で、就業者全体に占める自営業主と家族従業者の合計は約6割。自らの自由意思で起業した方も含まれているでしょうが、家業を継がざるを得なかった方々も含まれています。

一方、1953年時点の雇用者は約4割。ところが、僅か5年後の1958年には5割を超え、10年後の1968年には6割、更に10年後の1978年には7割に到達。1992年に初めて8割を超え、2019年時点で約9割。自営業主と家族従業者の割合が低下するのとは対照的に、雇用者の割合は鰻上りに上昇していることが分かります。

その間、1962年に大学新卒者向けの求人情報誌『企業への招待』（大学新聞広告社）

が発刊され、1986年には男女雇用機会均等法が施行されるなど、人々が自由に職業を選択できる機会は一歩一歩着実に整備されてきました。

日本の就業者のほとんどが、少なくともルール上は自由に職業を選べる時代になったのです。

職業は自由に選べるもの。仕事は先天的な生得事項ではなく後天的な習得事項。若者たちはいま、当たり前のように自由意思で職業を選択します。しかし、そんな世の中になったのは、ごく最近のことなのです。2、3世代ほど遡れば、職業選択の自由など実質的にはあり得ないことでした。

このように、日本も世界も、職業を自分で選択できる近代社会に突入しました。革命や戦争を経てようやく掴み取った自由。身分制度は解体され、居住地も結婚相手も職業も、あらゆる制約条件が解除されました。

「自分とは何者か」が生まれた時点では未決定の現代人にとって、なかでも職業は生活の糧を得る手段であると同時に、居住地や結婚相手にも強く影響を及ぼします。つまり、職業は「どこで誰と何をして暮らすか」を左右するアイデンティティ直結事項なのです。

服装に喩えれば、着る服が指定されていた制服時代から私服時代への移行。職業は自己表現の方法としてファッション化しつつあるのです。

ただし、諸手を挙げては喜べません。なぜなら、選ぶ自由は選ばれない可能性と隣り合わせだからです。求職活動では、自分が望む職業や職場を選ぶことは自由ですが、実際に働くためには意中の相手から採用選考で合格をもらい、選ばれねばなりません。

就職活動中の大学生からよく「やりたいことが無い」「やりたいことが分からなくなった」という相談を受けます。しかし、これは「選ぶ自由」のみの視点です。たとえやりたいことが見つかったとしても、相手から「選ばれない可能性」がある。学生が会社を選ぶのと同時に会社に選ばれねばならない。厳密には、選ぶ前に選ばれておく必要があります。そうしたシビアな時代を若者たちは生きています。

このように、働くためには選ばれる努力が必要になったわけです。選ぶのが煩わしい人にとっては、望まぬ自由競争ゲームに否応無く巻き込まれてしまうことになります。

選べる可能性と選ばれない危険性。天国と地獄。不自由だったが選ぶ手間が無かった時代から、自由だが選ぶ手間と選ばれる努力を要する時代へ。私たちは、振れ幅の大きい職業観の時代を生きているのです。

ここまで、夢観の変遷と職業観の変遷を確認してきました。古代は「見るもの」だった夢が、近代になり「持つもの」へと転じました。一方の職業は、所与の条件としての「義務」から自由に選択できる「権利」へと変化しました。ともに、20世紀になって初めて自らの自由意思で選択可能となった点で共通しています。

つまり、夢も職業も自己表現のアイテムになったのです。夢と職業のオーバーラップは、若者たちを日々勤勉・倹約に向かわせたい大人たちにとって好都合でした。

「なりたい職業」も「やりたい仕事」も、若者たちにとって「現時点では非現実的」な事柄です。しかし、職業選択が自由化されたことで、実現可能性はゼロではなくなりました。

また、職業の選択は権利となりましたが、勤労自体は義務です。働かねば生活は成り立ちません。生き死ににかかわる問題ですから、若者たちは職業選択を本気で「成し遂げたい」と考える。厳密には、考えざるを得ないのです。

こうして、「現時点では非現実的」ながらも「成し遂げたい」事柄として、職業が持て囃されます。義務でもあり権利でもある職業は夢にぴったりなのです。

若者たちの夢が本気であればあるほど、彼らから継続的な努力を引き出すことができる。

若者たちに職業的夢を持たせることは、個人の人生を豊かにし、社会全体の発展にも寄与する巧みな仕掛けです。

「夢」の意味からすれば、職業ばかりが夢になるのは異常ですが、若者たちは現に職業以外の夢を認められなくなっているのです。

実は、ドリーム・ハラスメントが生じる一因は、夢が職業に限定され過ぎていることにも関係しています。次章では、そんなドリーム・ハラスメントの発生メカニズムに迫っていきたいと思います。同時に、なぜこれまでクローズアップされてこなかったのかという隠蔽メカニズムにも、焦点を当ててみましょう。

第三章　タチの悪い悪意無き共犯者たち

悪意無き教師と保護者

ドリーム・ハラスメントはなぜ生じるのでしょうか。なぜ、大人は手を染めてしまうのでしょうか。

「夢を現実逃避の道具に使っているのは子どもたちではないか」「子どもたちの『自分さがし』こそ問題ではないか」と主張される方もおられるでしょう。

しかし、その「自分さがし」も、元はと言えば大人が広めた言葉でした。内閣総理大臣が開催し、教育改革において重要な役割を果たす中央教育審議会の『21世紀を展望した我が国の教育の在り方について（第二次答申）』（中央教育審議会1997年）の冒頭部分は、「教育は、『自分さがしの旅』を扶ける営みと言える」で始まっています。

つまり、若者たちが自発的に夢や自分をさがしに旅に出掛けたのではなく、大人の仕掛けによって積極的に後押しされていた、ということです。

では、若者たちに積極的に夢をリクエストするのは誰なのか。言うまでもなく、ドリーム・ハラスメントの実行犯は先生と保護者の皆さんです。たしかに、芸能人やアスリートは、「夢を持とう」「夢は叶う」と公の場で言明します。ですが、彼らは若者たち一人ひとりに対して執拗に夢を求め続けることはしません。あくまで、ドリーム・ハラスメントを助長する幇助犯の可能性があるだけです。

若者たち一人ひとりに対して、不快感を覚えるほどに夢をリクエストし続けられるのは、若者たちと近く・深く・長く時間を共に過ごしている先生と保護者の皆さん以外には見当たらないのです。また、学校で起きていることが職場でも起きていると仮定するならば、先生や保護者の皆さんを上司に置き換えていただいても差支えありません。

ただし、目的は犯人特定ではなくメカニズムの解明です。なぜドリーム・ハラスメントに手を染めてしまうのでしょうか。ここで、少し奇妙な若者たちの声を御紹介したいと思います。

高校生に講演をさせていただくと、「将来を考えるきっかけになりました」という感想を多数もらいます。

「自分の先のことについて楽しく考えたことは無かった」

「自分の将来について考える機会が無かったので良かったです」

「こんな真剣に『人生』や『進路』についてのお話を聞いたことが無かったので、とても勉強になりました」

大変有り難い感想ですが、少し奇妙なのです。どこが奇妙かというと、大人は若者たちに夢という将来の事柄を求めている割に、将来のことを考えさせていない点が、です。将来のことを考えずにどうやって夢を考えられるというのでしょうか。

講演を生業にしているわけではないので率直に申し上げますが、普段は夢を求めるだけ求めておいて、肝心の将来のことは講演などの非日常でしか考える機会を提供できていない。もしそうだとするならば、本末転倒です。心ある先生たちがそんなお粗末な仕事をするとは思えません。ひょっとして、先生や保護者の皆さんが夢を過度に求める真の狙いは別のところにあるのでしょうか。だからこそ、将来のことを考えさせることに必死にならないのでしょうか。一体、夢至上主義の背景には何があるのでしょう。

実は、彼らの真の狙いは、若者たちに夢を持ってもらうことではないということが、数々のインタビューから明らかとなりました。

ドリーム・ハラスメントの真の狙いは何なのか。実際の声を御覧いただければ、浮き彫りになるでしょう。

「塾で、夢を実現したいと思う気持ちが足りないと、勉強に身も入らないと言われました」

「夢があると何事に対しても頑張ることができるとか何回も聞いてきた」

「将来の夢を決めると勉強しやすくなると聞いていた」
「親や先生に『早く夢が見つかればね、目標ができて頑張れるんじゃないかな』とよく言われました」

ここから分かることは、大人は「目の前のことに頑張らせたい」がために、夢をツールとして活用している、という事実です。なぜ目の前のことに頑張らせたいか。若者たちの将来を預かっているのが先生と保護者の皆さんです。すると、少なくとも、目の前のことに頑張らないよりは頑張った方が将来は明るいはず。そう考えるからです。

もっとも、先生と保護者の皆さんがそのように考える理由は、後述するように、日本が採用した「トーナメント型人生モデル」が関係しています。ですが、ここではまず大人の本当の目当てを確認しておきましょう。夢のツール化は、ある県立高校の校長先生による次のコメントに端的に表れています。

「いまの生徒は目の前のことやここでとりあえず頑張るというスタンスが無い。『何のため』という目的や理由が無いと目の前のことに頑張れないし、やる気が出ない。けれど、自分ではなかなかその理由を探せない。『夢を持て』はこうした状況でも子どもたちを目の前のことに頑張らせるための苦肉の策なんです」

つまり、大人の真の狙いは、若者たちを目の前のことに頑張らせること。そのための苦肉の策として夢を用いていたのです。夢は頑張るための理由であり手段とされます。

本来、夢はそれが実現できれば至高の喜びを得られるわけですから、目的のはずです。しかし、大人は夢を手段化しました。「夢のために頑張る」ならば分かりやすいですが、実態は「頑張るために夢を創らせた」のです。

この校長先生が悪人というわけではありません。実際のインタビューでは、最大多数の最大幸福を目指すことが使命の学校において、「生徒のために」と必死に考え抜いた結果として、藁にも縋る思いで夢に頼らざるを得なかったことが痛いほど伝わってきました。主従を逆転させてまで「目の前のこと」に頑張らせたかった。裏を返せば、目の前のことに頑張らない若者たちに相当程度の危機感を覚えているということです。

それは、時代背景を鑑みれば致し方無いことでした。「どこで誰と何をして暮らすか」が自由化されたことで、人々のアイデンティティは白紙化しました。自分を規定する身分も居住地も、宗教も、職業も、すべて解除されリベラル化したからです。拠り所の消失は、アイデンティティを後発的に見出さねばならないことを意味します。

加えて、リベラル化した社会はリスク社会でもあります。どんなリスクかというと、自由を謳歌できないリスクです。

たとえば職業の場合、選ぶ自由は与えられましたが、それは同時に、選ばれない危険性と隣り合わせです。選べる可能性と選ばれない危険性。自由とはコストが掛かるリスキーな営みなのです。

アイデンティティが白紙化したことで、若者たちは努力してアイデンティティを築き上げねばならなくなりました。生まれた時点では将来が未知数だからです。

無限の可能性があると言えば聞こえが良いですが、それは同時に、何者にもなれないリスクも孕んでいることを意味します。しかし、生まれてくる子どもたちはそんな世界のしきたりを知る由もありません。

そこで、「実力を付けアイデンティティを構築する支援」が先生や保護者の皆さんのメインミッションとなりました。「自分とは何者か」の発見の手伝いが仕事になったのです。

それもこれも、目の前のことに頑張るためのメカニズムが狂ってしまったからです。

社会がリベラル化・リスク化する以前には、こうした仕事は誰のタスクでもありませんでした。人は、目の前のことに頑張るほか無かったのです。身分や宗教や職業といったように、「私は何者か」への回答がそこかしこに生まれる前から用意されていたからです。必要以上の努力をしたところで、階級を移動できるわけでもなければ、居住地や結婚相手や職業を自由に選択できるわけでもありません。目の前のことに頑張るだけで精一杯であり、それで事足りたのです。

リベラル化・リスク化した社会で、アイデンティティ構築の支援という新たな仕事を抱えた先生や保護者の皆さんはどうしたのか。将来という遥か彼方を向かせることにしたのです。

若者たち自身が決めた遠大な夢が北極星として道を照らしてくれれば、まだ何者でもない彼らは迷うこと無く進める。暗がりでも遠い目的地がはっきりと見えれば日々目の前の一歩に力を尽くし、やる気は持続するだろう。そんな目論見でした。将来が未定で自由に描ける社会だからこそ成し得た芸当です。個々人の将来が決められていた時代では効き目はありません。

生来の拠り所を失った人々が、別の拠り所を求めるのは自然な成り行きかもしれません。その意味では、先生や保護者の皆さんが変化する社会に積極的に適応しようとした結果が夢頼みだったというわけです。

では、なぜ新たな拠り所として夢が相応しかったのでしょうか。

最初の理由は、助言容易性です。夢さえあれば、実現に向けたアドバイスは可能です。旅と人生はよく比較されますが、たとえば「スカイツリーに行きたい」と明言してくれれば「まず浅草に行き吾妻橋を渡って、それから……」とアドバイスしやすいことでしょう。アドバイスが容易ということは、手軽に目の前のことに努力させることが可能ということです。若者たちに夢があると嬉しいのは実は大人の方なのです。

ただし、助言が容易なのは地図があり目的地までの道程が明確な場合に限ります。ある町立中学校の校長先生は「夢を持たせ計画的に歩ませる方法が主流だしスタンダード。医師や看護師や介護士など、道がはっきりしている職業の指導はできるのかもしれないが、それしか教員はやれない」と仰っていました。

ということは、先生と保護者の皆さんは、助言が容易な夢を好む傾向にあるということです。「目の前のことに頑張らせる」という目的に対して「良い夢」と「悪い夢」が仕分けされてしまうからです。夢を手段化するとはそういうことです。なるほど、夢のストライクゾーンが決められ、それ以外の夢が否定されるわけです。

いまひとつの理由は、夢自体の性質が時代のニーズにマッチしていたことです。自由だけれどもリスクのある社会において、絶対に許されない御法度があります。それは、「差別」です。たとえば、就職活動における性差別や出身地差別は御法度です。

差別的な待遇は万人の自由なチャンスを侵害し、被差別者側にリスクが偏在してしまいます。自由競争の実力主義社会において、チャンスとリスクがフェアであることは、何人も侵してはならない暗黙のルール。鉄の掟の死守は基本中の基本なのです。

その点、夢は個人的事柄ですから、他人が点数を付けることや、他人と一律的に比較することはできません。夢は誰も差別しないのです。願えば誰でも持つことができます。このような非排除的で寛容な夢は、リベラル化・リスク化した社会にとって好都合でした。

夢の取得条件には思想も信条も居住地も国籍も性別もありません。身分も所属も肩書も関係無い。どんな人間だろうと夢を持つことは等しく許された。夢ほど世界中の人々を手懐けることができた便利で汎用性の高いアイテムはありません。「夢」とは夢のような道具。万人に平等に笑顔を振りまいてくれる八方美人が夢なのです。

さらに、夢は学校教育システムとも相性が良かった。現代教育は学校を抜きには成立しません。職業選択が自由化されたといっても、それだけでは実際に人々が自由に職業を選択できるようになりません。

職業機会と併せて、就職に必要な知識・技能を身に付け向上させられる教育機会も、同時に拡大する必要がありました。そこで、学校が組織され、初等教育から高等教育に至るまでの教育制度が綿密に整備されます。義務教育就学率は戦後既に99％以上。高等学校等への進学率は1950年の42・5％から半世紀後の2000年には95・9％に伸びています。大学・短期大学進学率も、1960年の10・3％から2000年には49・1％と飛躍的に伸び、教育の大衆化が確認できます（『学校基本調査』文部科学省）。

教育を受けて昨日より今日の方が知識・技能が退化することはありませんから、教育とは元本保証型サービスです。リベラル化・リスク化した社会を生きる個人が食い付かないはずはありませんでした。

では、人が学び手から働き手に移行する過程で、夢はどう作用するでしょうか。実は、夢は冷めていくのです。当初は「サッカー選手になろう」とか「医者になりたい」と思っていた子どもたちも、学校教育を経験するに従って自分の実力を知り、「成し遂げられなさ」に気付き始めます。

もちろん、なかには夢を追い続ける子どもたちもいますから、徐々に自然淘汰が行われる。言い換えれば、先生や保護者の皆さんは「夢を諦めろ」という言いづらい伝達事項を直接宣告する必要が無いのです。この自己冷却機能が、学校教育システムの優れた点です。

つまり、職業に就けない個人的リスクと、失業者が噴出する社会的リスクの両方を回避する高機能な仕組みが学校教育システムには組み込まれているのです。

だからこそ、「とりあえず夢を持て」と大人は安心してメッセージできましたし、その説法には一定程度の効果があった。どれだけ夢を加熱しても、学校教育システムという冷却装置が機能し、夢見る若者たちを穏やかに目覚めさせてくれるからです。

目覚めが良く健全に夢を諦められることは、社会秩序にも寄与します。実力で夢を実現した人々のことを、夢を実現できなかった人々は「彼らの並々ならぬ努力の結果だから仕方が無い」と自然に受け入れ諦める。ということは、夢の断念者から夢の実現者や社会に対する反乱を防止する効果があるのです。夢を求めることにデメリットはありません。

このように、新たな拠り所として、先生や保護者の皆さんが若者たちに夢を勧めたのは、それが非常に好都合だったからです。先生や保護者の皆さんは悪意を持っていなかったどころか、善意に満ちていた。夢を持つことで若者たちがアイデンティティを見出せると信じたからです。

もちろん、悪意が無いからといって罪が軽くなると主張したいわけではありません。寧ろ、夢を手段化したことがドリーム・ハラスメントの始まりです。本来内発的に生じる夢を無理に外付けしようとしたからです。パッチワークは必ず後から綻びが出てきます。

たとえば、お勉強が苦手な子どもは学習機会を放棄する自分に却って自尊感情を抱くことが分かっています(『学力と階層』朝日新聞出版)。もしそんな彼らに「勉強だけが人生じゃない。君の夢に生きたまえ」と指導しているとするなら、それは、実にタチの悪い誘導です。

たしかに、「君は勉強ができない」と烙印を押され、自尊心を傷付けられたり劣等感に晒される痛みこそ伴いません。ですが、結果的にその「夢」が実現できないときに何の学歴も無く職にも就けない可能性があるのです。するとどうなるか。取り返しが付かず路頭に迷ってしまいます。手遅れの悲劇は夢どころか悪夢です。

そしてこれが、「個性尊重」や「自分らしさ」といった、一見個人に笑顔を振りまきながらも、実は裏で冷酷な顔を持つ教育の二面性なのです。

それでも、先生と保護者の皆さんに悪意はありませんでした。若者たちに強く夢を求めたのは、万人に夢を持たせることを良しとしたからであり、そのためには内発的な夢の醸成プロセスを悠長に待つ余裕が無かったのです。夢さえ持てれば個人は豊かになり社会は発展すると信じ切っていたからです。

ところで、ここまで先生と保護者の皆さんを同列で扱ってきましたが、両者の役割や機能は異なります。ともに、若者たちに夢を求めてきた点では共通しますが、先生はより広範な役割を担っています。

それは、職業選択の自由化によって、職業教育が家庭から学校に移管されたためです。教科指導や生活指導に加え、職業教育まで仕事になった先生。彼らが若者たちに夢を求めてしまうのは、ある意味宿命なのです。

教師という職業的宿命

職業教育を委託された先生たちには、若者たちに夢を求めざるを得ない教師ならではの理由があります。

ひとつは、そもそも先生たち自身が教師という職業を夢見て実現させたという成功体験者であることです。教師という職業は、大学教員や校長・教頭を除き、基本的には教員免許というライセンスを要する専門職です。ですから、どこかのタイミングで「なりたい」と望まなければ就けない職業です。

たとえ、就きたい仕事や特別なスキルが無く、「教師にでもなるか」「教師にしかなれない」と消極的な理由で教師を目指した「デモシカ先生」だとしても、です。

ただし、そうした職業は他にもあります。医師や美容師など「師」の付く仕事の多くは「なりたい」という夢に支えられた専門職です。では、教師という職業ならではの特徴は何でしょうか。

ある県立高校の若手の先生たちとのディスカッションの場で「先生方がいま最も欲しいものは何ですか」と問い掛けてみたことがあります。どんな答えが返ってきたでしょうか。

「上司が欲しい」

これが、その場にいた何人もの先生たちが口を揃えて仰った答えです。煙たい上司の存在に辟易しているビジネスパーソンの方々からすれば驚かれることでしょう。なぜ、先生たちは上司を欲するのか。

それは、「入職1日目から『先生』と言われる」からだといいます。子どもたちからすれば若手だろうとベテランだろうと関係ありません。先生は先生です。子どもたちだけでなく、先生同士のあいだでも呼称は年次に関係無く「先生」です。

着任初日から「先生」と呼ばれ続けることで、「正しいことを言うこと」が自分に期待される役割だと認識します。

ところが、正しいことを言わねばならないのに、その正しいことが何かを教えてくれる先輩が周囲にいないことが珍しくないようです。それは、各先生が多忙であることに加えて、自分の頭で考えて実践することが美徳とされているためです。

たとえば「教材研究」と呼ばれる先生の授業準備は、時間を掛けた自作が好まれるそうです。他の先生の教材を譲り受けることは苦労知らずの盗作に近いイメージで、正しい人間のやるべきことではないのです。

「自力こそ教師力」という考え方で育ってきた先生たちが少なからずいらっしゃる。でも、本音では正しいことは何なのか判断がつかないことも多い。だからこそ、若手の先生たちは正しいことを教えてくれる公式的存在として上司が欲しくなる。教科書が欲しいのです。

とはいえ、実際には無い物ねだりで上司は不在です。ではどうするか。自分の外部に参照先が無いのであれば、内部を参照するしかありません。ただし、自分の将来に関して確実なことは言えませんから、自分の過去から正しいことを探し出すことになります。自分の実体験のなかで、若者たちを躾けたり奮い立たせる際に何を引き合いに出せば最も説得力を持つか。

自信たっぷりにメッセージできることとして、専ら「教師になりたいと夢見て努力し結実した」という成功体験に行き着きます。他の誰でもなく自分の努力によって夢を実現させたという動かぬ証拠があるからです。

もちろん、すべての若者たちに「教師になりたい」という職業的夢を宿すことは高難度です。そこで、自らの成功体験から「これだけは正しいこととして言える」という部分のみを抽出することになります。結果、「夢を持とう」「努力しよう」という濃縮されたメッセージを発信することになるのです。

「何かを成し遂げたい」という動機が先で、努力が後。先生たちにとって、夢の先決はどこかのビジネス本で読んだ人生指南ではありません。他人と話す過程ででっち上げた状況化の産物でもありません。自分自身の確かな実体験に基づく経験則であり、ほぼ唯一の拠り所なのです。

ここまで、先生たちが若者たちに夢を求めざるを得ない理由を、教師という職業に接近することで確認してきました。今度はズームアウトし、少し引いた目線で教師という職業の宿命を捉えたいと思います。

教師という職業の職務は教育活動ですが、そもそも教育活動において、夢は大変重宝されてきたアイテムです。実は教育という営み自体が動力源として夢を必要としていたのです。

経済学者の小塩隆士先生は、「ほとんど言うことがはばかられるほどのきわどいテーマ」として、「教育需要は子どもの能力に関する不確実性があるからこそ成り立っている」という興味深いことを述べています（『教育を経済学で考える』日本評論社）。

教育のニーズは、「うちの子は英語を学べばまだ伸びるかもしれない」という夢を持たせ、諦めずに追い続けさせることで成立している。保護者の皆さんの勘違いが教育需要の源泉なのです。

もし、本人の伸び代が確実に見通せるようであれば、「うちの子は英語を学んでも意味が無い」という結論もあり得るため、大衆教育は成り立ちません。つまり、教育にとって、夢は商売道具だったのです。

先生たちは、夢を加熱し続けないと教える相手がいなくなってしまいますから、教育者として先生たちが若者たちに夢を求めることは、構造上の宿命なのです。

教師なんだから夢以外に目前の課題に努力させる方法を考えよ。そんな声もあるでしょう。御尤もです。しかし、日本の先生たちは異常なほどオーバーワークを強いられていることも御認識ください。

もちろん、効率を良くし、生産性を高める努力はどんな仕事人にも必要なことでしょう。しかし、先生たちの守備範囲は教科指導・生活指導・部活指導と広範囲です。

芸能人が覚醒剤に手を出せば非行防止講習の実施を命じられ、ＳＮＳが危ないとなると使用法の指導を命じられる。いじめ問題やモンスターペアレント対応も都度こなし、隙間時間で担当科目の教材研究を行う。まともに昼食を取れないなんてざら。年々多忙を極めつつあります。

そこに加えて、職業教育や進路指導です。先生たちの仕事領域が現在進行形で拡大中であることがお分かりいただけるかと思います。良いことは学校で周知させ悪いことは学校で是正させる。次から次へと「何でも学校」で押し付けられる先生たちの責任範囲は無限化しています。だから、小学校で約3割・中学校で約6割もの先生が過労死ライン超えになるのです（『教員勤務実態調査（平成28年度）』文部科学省）。

私たちは、これまでの日本の教育が、先生たちの並外れた献身性やボランタリー精神によって成立してきた事実を忘れてはなりません。仕事の量も種類も日増しに増え続ける逼迫した状況で、夢以上の方策を編み出す余裕はありません。

繰り返しますが、先生たちにドリーム・ハラスメントの責任が無いなどと申し上げたいわけではありません。先生たちの職業的宿命によって、歪みが生じていることは事実です。「正しいことを言う」ということは、ある基準に従って評価を下すということです。評価が日常的なルーティンですから、夢にもつい難癖や点数を付けてしまうのです。

ただし、評価は人に裁きを与えることですから、人を防衛的にします。それが、個人にとって最重要事項である夢ならば尚更、否定されたり無下にされるショックは計り知れません。

また、若者たちが将来従事する仕事は必ずしも教師のような専門職とは限りません。寧ろ、大半は特定の職に就く「就職」ではなく会社に入る「就社」です。大卒者用の就職情報サイトに掲載される会社だけでも、世の中に何万という会社がある。そのなかから、どこに入社を希望するか選ぶのは一苦労。「やりたいこと」や「なりたいもの」を問われても、「無いものは無い」のです。

先生たち自身に自分さがしの経験があれば若者たちの悩みに寄り添えるでしょう。しかし、学校を出てすぐに教師になった場合などは、教師という専門職に就職した経験を絶対視しがちです。そうすると、若者たちの悩みを皮膚感覚では理解し得ないのです。

若者たち向けに流行中のインターンシップが先生たちにも開放されれば、視野拡大の助けになると思われますが、業務過多の状況では現実味はありません。結果、善意で「やりたいこと」「なりたいもの」を求め、実際には就社がマジョリティなのに、就職にミスリードしてしまいます。

こうした悪影響は確かにあるのですが、ドリーム・ハラスメントが生じるメカニズムを知るうえで重要なことは、まず実行犯に意図があったのか否か、です。明確な意図があったのであれば、犯人追及で事態は収束に向かうかもしれません。

しかし、ドリーム・ハラスメントの場合、厄介なことに先生たちにも保護者の皆さんにも悪意が無い。それどころか、夢を有り難がって使い込む姿は善意に満ちています。なぜなら、若者たちへの助言を容易にし、差別も回避できる。そんな夢のような代物は夢以外に見当たらないからです。「有る」のが「難しい」。夢は「有り難い」ものなのです。

悪意の無い先生と保護者の皆さん。彼らがドリーム・ハラスメントに手を染めたのは、目の前のことに頑張らせるために好都合だったから。加えて、先生たちにおいては職業的宿命も関係していた。そう、御説明してきました。

たしかに、夢は使い勝手が良く、重宝されるでしょう。しかし、それだけで多くの若者たちを苦しむレベルにまで追い詰めることに発展するでしょうか。

多くの先生や保護者の皆さんが同時多発的に夢を凶器として使っているのは不思議です。ただの偶然でしょうか。悪意無き実行犯が犯行に及んだのは、たまたまだったのでしょうか。

1件や2件ならばまだしも、多くの若者たちが夢に苦しんでいる現状を知ると、誰かが犯行を計画していたとしてもおかしくはありません。実行犯に犯行を促した教唆犯がいるのでしょうか。

教師を動かしたもう1人の犯人

先生や保護者の皆さんにドリーム・ハラスメントの犯行を促した教唆犯。本当に存在するのでしょうか。そんなことが可能なのでしょうか。

実は、日本は一時期から国を挙げて若者たちに夢を求めてきました。第一章で御紹介したように、文部科学省も中央教育審議会（文部科学大臣の諮問機関）も教育再生実行会議（首相の諮問機関）も、それぞれ「夢」の重要性について公に記しています。

それは、夢を基軸にした「キャリア教育」という国家プロジェクトに関係しています。「キャリア」とは様々な定義がなされますが、人生全体にかかわる概念です。ですから、「キャリア教育」とは人生教育。なぜ、生き方を教えるなどという大それた教育が必要だったのか。

「キャリア教育」という言葉が初登場したのは1999年の中央教育審議会の答申です。そこでは、キャリア教育が必要な社会的背景として、「フリーター志向」が広がっていることや、高校卒業後に進学も就職もしない者の存在、そして新規学卒者の早期離職に関する「3年3割問題」などが挙げられています（『初等中等教育と高等教育との接続の改善について（答申）』中央教育審議会1999年）。

つまり、若者たちの雇用問題が「キャリア教育」導入の理由だったのです。その後、内閣府、経済産業省、厚生労働省、文部科学省の4省府によって2003年に策定された「若者自立・挑戦プラン」において、文部科学省は「キャリア教育総合計画」を策定します。

そこには、「小学校段階から児童生徒の発達段階に応じたキャリア教育の推進が必要」と記されています。そして、2006年の教育基本法改正、2007年の学校教育法改正などを経て、義務教育段階からキャリア教育を実施する法的根拠が拵えられました。

このように、国を挙げてキャリア教育の推進が着々と進められた結果、職場体験やインターンシップが溢れ、自己理解や自己分析と称した自分さがしが推奨され始めます。キャリア教育の意義は「キャリア教育を通して、子どもたちは自らの将来について夢やあこがれを持ったり、学ぶ意義を理解したりする」（『小学校　キャリア教育の手引き』文部科学省）こととされていますから、計画通りと言えば計画通りです。

キャリア教育が全国規模にまで拡大したのは、「若者自立・挑戦プラン」が閣議決定までされた国家プロジェクトだったからです。それほどまでに、若者たちの雇用問題は迅速に解決すべき重大な社会課題であると認定されました。

若年者雇用問題の解決策としてスタートしたキャリア教育ですが、日本キャリアデザイン学会副会長を務める児美川孝一郎先生は、自著『夢があふれる社会に希望はあるか』（ＫＫベストセラーズ）のなかで、キャリア教育という国家プロジェクトの発想を若者たちへの「明らかに一方的」な「責任転嫁」であり、「的外れな発想」であると指摘しています。なぜなら、政治家や経営者たちが「相当に都合のよい『解釈』」をしたためです。働く意欲に乏しい若者が増えたから就職難やフリーターの拡大が発生した。だから、若者たちに「将来やりたいこと」や「就きたい職業」、すなわち「夢」を持たせれば、働く意欲の回復に繋がる。そうすれば、若年者雇用問題は解決に向かう。そう「夢想」したのです。

一見聞こえの良い論法で巧みに個人に歩み寄った恰好ですが、例の心の問題を扱う巧妙な心理学的アプローチです。意欲欠如問題が自己責任問題に矮小化される点は要注意でしょう。

実際、若者たちの就職難やフリーターの拡大が生じたのは複合的要因です。グローバル化などの経済状況の変化や、そこで生き抜くために正社員採用を絞るなどした企業側の雇用戦略の変化。そうした社会環境の変化を視野に入れること無く、若者たちの意欲や能力だけに原因を求められるものではありません。若者たちに夢を持たせればどうにかなる、という個人的問題ではなく社会的問題なのですから。

にもかかわらず、児美川先生が併せて確認しているように、2000年前後の社会論調は、若年者雇用問題が深刻化している原因を、若者たち自身の意識や能力の問題に求めるという、「若者バッシング」の論調に傾斜していきました。

働くことに希望を失った「働けない若者」に手を差し伸べるべく生み出された「ニート」という言葉さえも、皮肉なことに、若者バッシングを助長するレッテル貼りのツールとして悪用されてしまいます。そこで救世主として登場したのが「キャリア教育」です。キャリア教育とは具体的にどんな内容を指すのでしょうか。文部科学省によれば、キャリアとは「人が、生涯の中で様々な役割を果たす過程で、自らの役割の価値や自分と役割との関係を見いだしていく連なりや積み重ね」を指します。そして、社会のなかで自分の役割を果たしながら、自分らしい生き方を実現していく過程を促すことを「キャリア教育」と呼んでいます。

では「自分らしさ」とは何かといえば、「人は、自分の役割を果たして活動すること、つまり『働くこと』を通して、人や社会にかかわることになり、そのかかわり方の違いが

『自分らしい生き方』となっていく」とされます（『今後の学校におけるキャリア教育・職業教育の在り方について（答申）』中央教育審議会２０１１年）。

言い換えれば、「キャリア教育」とは若者たちに対して多種多様な社会へのかかわり方を示し、そこから自分らしい生き方に気付いてもらうということ。これは、相当にハイレベルで骨の折れる仕事です。

そんな仕事を実践するのは誰でしょうか。もちろん、政治家や経営者の皆さんではありません。教育現場で働く先生たちです。

では、キャリア教育は現場でどのように実践されているのでしょうか。「将来のことを考える授業などでは、夢ややりたい仕事があることを前提に話されることが多い」とはある高校生のコメントですが、ここで言う「将来のことを考える授業」が正にキャリア教育を指しています。

卒業文集に夢を書いたり、キャリア・プランを作成して夢に日付を入れたりしたのでしょう。「キャリア教育＝夢ありき」と考えるのは、彼だけの思い込みではありません。実際にそのように仕立てられていたのです。

キャリア教育を推進するにあたって2006年に発行された『小学校・中学校・高等学校キャリア教育推進の手引』（文部科学省）にそのことが明記されています。手引のなかに、国立教育政策研究所生徒指導研究センターが作成した「職業観・勤労観を育む学習プログラムの枠組み（例）」が紹介されています。

これは、若者たちの発達過程に応じて必要な能力・態度を整理分類したうえで体系的に育成しようとする意図で作成されたものです。そのなかで示されている必要な能力のひとつに「将来設計能力」があります。その説明には、「夢や希望を持って将来の生き方や生活を考え、社会の現実を踏まえながら、前向きに自己の将来を設計する」とあります。やはり、「夢ありき」なのです。

また、この手引の副題は「児童生徒一人一人の勤労観、職業観を育てるために」ですが、今日の若者の「勤労観・職業観」にはある種の危うさがあることを指摘する声が少なくないとしています。そして、「自分なりの勤労観・職業観」という多様性を大切にしながらも、そこに共通する土台として、「望ましさ」の要件が挙げられています。そのひとつが、「将来の夢や希望を目指して取り組もうとする意欲的な態度」です。またしても、「夢」です。

つまり、国が考える望ましい勤労観・職業観とは、夢を持つことがスタートラインだというわけです。

以上を含めて、計76ページに亘る手引のなかで「夢」という単語は32箇所で使われています。2ページ半読むごとに「夢」が登場する計算です。要するに、キャリア教育にとって「夢」は欠くことのできない屋台骨だったのです。

それもそのはず。4省府による「若者自立・挑戦プラン」には、目指すべき社会が「若者が自らの可能性を高め、挑戦し、活躍できる夢のある社会」であると記されています。夢のある社会の実現に向けて、政府、地方自治体、教育界、産業界が一体となった取組の重要な柱として、キャリア教育が位置付けられたのです。先の高校生のコメントの通り、キャリア教育は、そもそも夢があることを前提に組み立てられていたのです。

多様性を大切にすると言っておきながら、夢だけは問答無用で必携であるという画一的な価値観を強要するところには違和感を禁じ得ません。以前、運動会での徒競走の手つなぎ一斉ゴールが非難されたことがありましたが、夢をある時期に一斉一括で決めさせるのも、何ら変わらぬ気持ち悪さがあります。

しかし、国家プロジェクトに教育現場の先生たちは抗えません。兎にも角にも若者たちにまず夢を持たせ、そのうえで自分らしい生き方の実現を支援することが新たに仕事に加わったのです。その支援は一朝一夕で可能になるレベルのものではありません。若者たちの興味・関心を喚起し、意欲を起動するところから担当する羽目になったからです。

先の「将来設計能力」の具体的な例には「人生設計」と記載があります。先生たちは、教科指導や生活指導や部活指導にとどまらず、人生すべてを丸ごと指導せねばならなくなったのです。

それは、理想通りの教育が実践されれば誰でも興味・関心を引き出すことができ、意欲を高めることができ、夢を持たせることができるということ。逆に言えば、それらができない場合は教師の努力不足だということになります。「やればできる」の論理は「やらなければできない」「だからやりたまえ」と論理展開可能です。何と、先生たちにも自己責任の刃が向けられたのです。

先生たちはこの重荷を拒否しなかったのでしょうか。「子どもたちのため」というスローガンを錦の御旗に掲げるのが教師という職業です。「子どもたちのため」であれば睡眠時間を削り、残業も無賃労働も厭わない。そんなボランタリー精神溢れる先生たちですから、より「子どもたちのため」になるとされたキャリア教育の導入にNOとは言えません。閣議決定までなされた国家プロジェクトならば尚更です。

それどころか、偏差値という「必要悪」に手を染めたくない「良心的教師」にとって、教育論として偏差値よりも夢の方が「正論」であるキャリア教育は、新たな進路指導法だったのです（『夢があふれる社会に希望はあるか』KKベストセラーズ）。そしてそれは、自分たちの成功体験でもある「夢」を拠り所にした教育法ですから、得手に帆を揚げ自信たっぷりに実践できます。もはや拒否する理由はどこにもありません。

これは、実にタチが悪いやり方です。なぜなら、「若者たちのために尽くしたい」という先生たちの夢を担保に、彼らの人生設計まで仕事に加えたことで、結果的には多数の先生たちが過労死ライン超えの状態に陥っているのですから。

「これが欲しいんだろう?」「若者たちのために尽くしたいんだろう?」と札束で頬を叩くかのように、と教師の夢を人質に取る。先生たちの夢に付け込むやり方は、まるでハラスメントです。先生たちは、ドリーム・ハラスメントの加害者であると同時に、被害者でもあったのです。

事実、全国の小学校・中学校・高校の先生たち約8000名への働きがいの調査では、小学校から高校まで働きがいの規定要因の1位が、教育という仕事や教育制度の将来に夢を持っているかどうかという「夢の実感」である一方、ストレスの規定要因は多忙さによる睡眠時間カットや役割過多でした（『「教員の働きがいに関する意識調査」報告』社団法人国際経済労働研究所2012年）。

同調査では、「教員のようにあまりにも内発的に偏りすぎている場合はむしろ要注意」と警鐘を鳴らしているほどです。これは、やりがいの搾取でしょう。いくら内発的動機に支えられた夢だとしても、万能ではありません。いえ、内発的に動機付けられた本物の夢だからこそ、首根っこを掴まれ、相手の思う壺でいいように使われてしまうのです。

なかには、「先生の仕事は人生を教えることではないか」という声もあるでしょう。たしかに、「あの先生に人生を教わった」と感謝される方も大勢おられるでしょう。先生たちの自発的努力による人生教育の存在や価値を否定するつもりは毛頭ありません。

そうではなく、「人生は教えるべきもの」であり「教えることが可能なもの」という為政者の短絡的な発想と、そのために夢を義務化するような画一的な着想に軽率さを感じることを申し上げておきたいのです。

小学校・中学校の先生たちへのアンケート調査では、キャリア教育を含む2000年代の教育改革に対して、現場は相当否定的であることが明らかにされました（『学力と階層』朝日新聞出版）。

具体的には、「改革はおおむね子どものためになっている」と思わない先生たちが約６００名中８割以上で、「文部科学省や教育委員会は、現場の教育問題をしっかりと把握していない」という意見への賛成も８割以上。７割以上が「（改革に）仕方なく対応していることが多い」という結果でした。

実際に私自身、２０１４年度以降、主に学校長や進路指導部長を訪ねてキャリア教育についてのインタビューを続けていますが、状況は好転していません。教育現場はキャリア教育という大仕事に混乱し、迷惑しています。ここでは、先生たちの生々しい声を直視いただきましょう。

「キャリア教育が出口にばかり傾いていないかと思う。キーワードだけが先行しているように思う」（県立工業高校　M校長）

「『キャリア教育＝就職アドバイス』だと考える教員も少なくない」（県立普通科高校　Y校長）

「『キャリア教育＝進路ガイダンス』になっている」（私立普通科高校　Y副校長）

このように、キャリア教育は出口支援に終始しています。では、どんな支援策が実施されているのか。

「キャリア教育に関して、業者が提供する講演など定型化されたメニューで楽をし過ぎており、自分たちで課題感などを考えなくなっている」（県立工業高校 S校長）というのが実情です。

なかには手を替え品を替えプログラムを開発されている学校もありますが、すべての学校でそんな人的・金銭的コストを掛けられるわけではありません。どうしても外部業者を頼らざるを得ない。だから、次のような本音の感想が生まれます。

「社長など年配者の高校時代の話や『勉強しなかった』などの武勇伝を聞かされても高校生の身にはならない」（県立普通科高校 M校長）

「大抵の成功者の講演は『良かった、素晴らしい、ためになった』で終わる。しかし、それは同時に、『あの人は特別な人なんだ』で終わってしまう。自分事にならない」（県立普通科高校 M校長）

結果、キャリア教育に対しては否定的な見解が目立ちます。

「文科省は色々言ってくるが、未だにキャリア教育に関して『これだ』というものは正直見出せていない」（都立定時制普通科高校 O校長）

「これまでのキャリア教育は、上級学校に行かせるということしか指導してこなかった」（県立普通科高校 M校長）

なかには、「学力上位校でも学力下位校でもない中堅校で教えるのは楽。なぜなら、鋭い質問や文句を生徒が言わないから。つまり、進路指導やキャリア指導はしなくともいけてしまう。だから、中堅普通科のテコ入れが最も難しい」（県立普通科高校 O校長）という本音も耳にしました。

それほど、キャリア教育を定義通り真面目にやろうとすると大変なことなのです。教育現場は、それらしい施策を講じるだけで精一杯。これが、突き付けられたキャリア教育の実態でした。

そのことを、児美川先生は『キャリア教育のウソ』（筑摩書房）のなかで「俗流キャリア教育」と表現しています。

本来的にはキャリア教育とは幅広い意味を含意し、自分らしく生きる支援や人生設計の手伝いといったトータルサポートが求められるはずです。キャリアの問題はメンタルの問題と不可分ですから、マナー講座や取り急ぎのプログラムを実施するだけでは不十分。職場に行くだけの体験や形式的な就業の体験はキャリア教育ではありません。

しかし、実際の教育現場では自分史をつくるような「自己理解」系と、職場体験やインターンシップなどの「職業理解」系と、未来年表を作成するなどの「キャリアプラン」系に終始しています。

こうした名ばかりのキャリア教育が蔓延《はびこ》る背景は何でしょうか。きっかけは、「キャリア教育の父」シドニー・P・マーランドの言葉を鵜呑みにしたことが関係しています。

アメリカでキャリア教育が生まれた1971年、当時のアメリカ連邦教育局長官マーランドは「学を衒《てら》う者は、役に立つ教育を冷笑するが、しかし、ではもし教育が役に立たないのであれば、それは何のためか」「すべての教育はキャリア教育であるべきである」という「正論」を語りました。この正論を真に受けた日本は、それ以来、多くの教育活動が「近視眼的には」意味のあるものにデザインされてきました。

また、表面的なキャリア教育が跋扈《ばっこ》する別の要因は、キャリア教育という巨大マーケットに着目した「キャリア教育ビジネス」の存在があります。キャリア教育というあまりに巨大なお題が降ってきて対応に困惑する教育現場にとって、外部業者は有り難い存在でした。

しかし、ビジネスである以上、分かりやすい成果が早期に提示できなくてはなりません。結果、その支援領域は職業や就労に限定され、成果指標は就職率や就職先のネームバリューに収斂《しゅうれん》されていきます。教育機関が就職予備校に成り下がる所以です。

キャリアとは本来もっと広い意味ですが、短期的に端的な成果が重視された結果、実に安っぽく付け焼刃的な施策が横行しています。若年者雇用問題の解決策として導入されたのがキャリア教育なのだから、就職という目的を達成すれば十分ではないか。そんな御意見もあるでしょう。

しかし、転職や副業が一般化しつつあるいま、初職《ファースト・キャリア》の支援だけでは不十分であることを、キャリア教育ビジネスの関係者自身が一番よく御存知のはずです。それなのに、「就職できればとりあえず安心」と思わせるのは罪深いように感じます。

ひとつの組織で定年まで勤め上げるといった標準モデルが消失しつつあるいま。「どこで誰と何をして暮らすか」の選択が個々人の宿題となり、だからこそ「キャリア」という言葉が注目されています。

「どこで誰と何をして暮らすか」にはもちろん職業や仕事も関係しますが、人生における選択はそれら以外にも数多くあります。

ある私立女子高校の副校長は、キャリア教育の真の必要性を事後的に実感したエピソードを教えてくださいました。

28歳になった卒業生のOG会に呼ばれたとき、「彼女たちは本当に高学歴だが、子どもを産んで仕事を辞めたり、仕事を続けているが悩んだり、様々な壁に直面していた」といいます。そしてそのとき初めて、「キャリア教育を本気でやらないと、と思った」と仰っていました。

この高校は、早慶上智に毎年100名単位で卒業生を輩出し、東京大学や京都大学への進学者もコンスタントに出す進学校です。加えて、勉強だけでなくキャリア教育においても、PDCA《継続的改善》サイクルを回し様々なプログラムを展開しています。そんな高校でも、実態は名ばかりのキャリア教育に終始していたということです。

致し方ありません。「教員の指導には限界があり、すべて学校でできるというのは間違い」（県立普通科高校 M校長）という悲鳴を秘めながら、児美川先生の言う「俗流キャリア教育」を実施するのがやっとなのです。

このように、教育現場が蔑ろにされた状態で教育改革は推進され、先生たちは疲弊しています。それでも先生たちに教育改革を実行させる原動力は何でしょうか。先生たちにとっての頼みの綱は、働きがいをもたらしてくれる「夢の実感」のみ。何とか内発的動機で首の皮一枚が繋がっている状態です。

だからこそ、先生たちは若者たちにも夢を大切にしてほしいと善意で求めるのです。その気持ちに嘘偽りはありません。なぜなら、過酷なリスク社会において、唯一の裏切らないものが夢であることを経験的に学習しているから。教師になる夢を叶えたことで、夢の味を知っているからです。

先生たちに悪意はありません。もちろん、キャリア教育を全面的に先生に委託している保護者の皆さんにも悪意はありません。

実行犯に夢の量産計画を言い渡した教唆犯である国にも、悪意はありません。低下した就労意欲を引き上げ、若者たちの雇用問題を解決すべく、自分で決めた夢のためならば頑張れるはずだと目論んだのです。もちろん、「夢を持とう」「夢は叶う」と公言する芸能人やアスリートといった幇助犯にも悪意は無いでしょう。

皆、悪意は無いのです。しかし、見るからにあくどい敵役がいないことが、ドリーム・ハラスメントのタチの悪さです。誰かを責めたところで、何の解決にもならないからです。

ドリーム・ハラスメントの加害者は、夢の量産計画を描いた教唆犯と、実際に夢を凶器に使ってしまった実行犯、そして犯行を結果的に助長した幇助犯。悪意無き共犯者たちによるタチの悪い嫌がらせのアンサンブル。それが、ドリーム・ハラスメントです。

では、キャリア教育の土台としての夢は量産できたのでしょうか。

夢は大量生産できなかった日本

先生たちが身を粉にして進めてきたキャリア教育。狙い通りの成果が上がっているのでしょうか。

キャリア教育導入の最大の目的は若年者雇用問題の解決でした。しかし実態は、若年者の非正規雇用者は増え続けています。15歳から24歳の非正規雇用者はキャリア教育導入時

2003年の2590万人から2018年の2730万人と増加中。正規・非正規雇用者中の割合でみても、45・0%から50・2%に拡大しています（『労働力調査』総務省統計局）。

キャリア教育が的外れな施策だったのか、それとも微力な施策だったのか。いずれにしても、現状のキャリア教育だけでは若年者雇用問題を解決できないようです。

では、キャリア教育の土台である夢は、少なくとも醸成できたのでしょうか。残念ながら、こちらも芳しい結果ではありません。特に職業的夢については、第二章でみたように、高校生たちはキャリア教育の流れに抗うかのように、職業への夢を失いつつあります。若者たちに夢を持たせられれば働く意欲が回復し、そうすれば若年者雇用問題は解決する。この、国を挙げての計画は、出だしのところで躓いていると言えます。

そもそも、キャリア教育の理論的根拠であるキャリア理論は、社会人をベースにした理論です。それをそのまま仕事未経験者である若者たちに転用するのは危険です。薬の使用に用法・用量があるように、理論の使用にも、もう少し慎重になるべきだったはずです。

それに、キャリア教育の土台に夢を配置したのは日本オリジナル。キャリア教育の起源は、知的教育と職業的教育との乖離を「教育の最大の欠点」としたアメリカです。しかし、そのアメリカが1970年代に示した「キャリア教育モデル」には「夢」という単語は一度も使われていません（『中学校・高等学校進路指導の手引 第15集 体験的・探索的な学習を重視した進路指導』文部省）。アメリカン・ドリームを標榜するキャリア教育の本家本元は、夢という非現実的な絵空事には手を出さなかったのです。

戦後復興に高度経済成長にと、高品質な大量生産で世界にその名を轟かせた日本ですが、夢の大量生産計画は失敗に終わっているようです。エリート集団の文部科学省をもってしても、夢を科学することは容易くないのです。

それもそのはず。夢は本来的にハズレくじですから、「夢を持て」は「当たらない宝くじを買え」と言っているようなもの。難しくて当然です。

また、夢を職業に限定したことも失敗の一因でしょう。社会の現実として主要な採用構造が「就社」であるのに、特定の職業に就く「就職」でなければ夢として認めず「なりたい職業」を求め続けた。

もちろん、そこには助言容易性や教師の職業的宿命など大人の事情があったわけですが、若者たちからすれば、世の中にある溢れんばかりの職業のなかから特定の職業を夢見ることは高難度でした。

「なりたい職業」というリクエストと実際の採用構造とのギャップは、結局のところ「なりたいものが分からない」という若者たちの悩みを増幅させるだけでした。職場体験は公立中学校の98・6％割が実施、インターンシップは公立高校の84・8％が実施しているにもかかわらず、です（『平成29年度職場体験・インターンシップ実施状況等結果（概要）』国立教育政策研究所）。

若年者雇用問題の解決という成果も、その前提の夢の生成という効果もあまり認められないキャリア教育。それなのになぜドリーム・ハラスメントの被害はこれまで明るみに出てこなかったのでしょうか。

先生や保護者の皆さんは夢を善意で求めていますからハラスメントだとは認識していません。声を挙げるとするならば、被害に遭ってきた若者たち自身です。

しかし、多くの時間を学校や大学という限られたコミュニティで過ごす若者たちにとって、「先生が夢を卒業文集で無理に書かせてくる」「保護者が夢を強要してくる」とわざわざ意見することは、無謀でリスキーな賭けです。

大変な勇気を必要としながらも、周囲からは寝言だと解釈されたり意図と違った方向に炎上してしまうリスクもあり、割に合わないのです。若者たちにとって、夢に関する迷惑行為の表明は高過ぎる壁だったわけです。そんなリスクを冒すよりも、泣き寝入りのコストの方が安く済む。実に合理的な判断です。

なぜ、ドリーム・ハラスメントの訴えが割に合わないのか。それは、夢にスター性が備わっているからです。

夢それ自体は悪者ではありません。夢は人を差別せず、来る者を拒みません。ある人が夢を持つと自分は持てなくなる、ということはありません。夢は決して排除しない、誰にでも寛容な公共財です。万人に笑顔を振りまきながら個人には希望を語り掛けてくれる夢は、明るくポジティブなイメージをまとっています。

持てるものなら誰でも持ちたい至高のアイテム。それが夢です。それでいて、持つのは無料で持ち運びも楽。気落ちしたときは心の充電を満タンにしてくれますから、モバイルバッテリーの機能も果たしてくれます。

こんなにも利点のオンパレードのアイテムはなかなかありません。夢は、万人から「いいね」を獲得してきた人気者であり、人生に最も好影響をもたらすＭＶＰの称号を独占してきたレジェンド。これまで誰からも悪役に任命されたことが無く、寧ろ安全で快適な特等席に居座ってきました。

このように、夢には非の打ち所が見当たりません。つまり、夢は引く手数多の超売れっ子。スーパースターなのです。

だから、若者たちは白昼堂々と夢を求められるわけです。他のハラスメントは基本的に密室での犯行です。セクハラもパワハラも、多くの加害者には罪悪感が芽生えますから、公の場で犯行に及ぶことはありません。

しかし、ドリーム・ハラスメントの場合は違います。学校の授業で堂々と卒業文集に夢を書かせるくらいですから、やましさは微塵もありません。迷い無き善意は手強いのです。

世間の大多数が夢をスターだと仰いでいるときに、夢を敵に回し1人だけ場違いに声を上げても効果は見込めません。「寝言を言うな」と嘲笑され一蹴されるか、周囲の大合唱に掻き消されてスルーされるのが関の山です。

加えて、夢がスターであり続けるのは、夢の重要性を吹聴する合唱団がランダムなメンバーで構成されており、後から後からメンバーが途絶えること無く追加され続けているからです。

この継続的無作為性によって、「皆さん、夢は重要ですよ」というわざとらしい宣伝は不要になります。使ってもいない商品を宣伝させるようなイカサマではなく、怪しげなプロパガンダでもなく、夢の価値を実感した当人たちが宣伝してくれるからです。そして、夢の広告塔は尽きることがありません。だから、放っておいても夢の信頼性は持続するのです。

「夢は重要である」というイデオロギーがなかなか揺らがないのは、このメカニズムが稼働しているためです。もう少し詳しくみていきましょう。

「夢は叶う」「夢を持とう」と言う夢の語り手が芸能人やアスリートといった遠い存在だけならば、「限られた一部の人間の御伽話」ということで、夢の重要性は容易に棄却できます。ところが、厄介なのは、身近な家族・知人・友人にも吹聴者が確かに存在するということです。もちろん、先生たちは言わずもがなです。

誰かにコントロールされた操り人形のように夢がプロモーションされているのであれば、トリックは見破りやすく信じ込むに至りません。しかし、夢の合唱団のメンバーはランダムに構成されている。彼らは誰に頼まれたわけでもなく自発的に宣伝大使を買って出ている。無作為に選出されているのに、なぜか「夢は重要」という曲を皆で器用に奏でているのです。

それも、金銭など外発的に動機付けられているわけでもないのに。彼らはスポンサー料やギャラを誰かから受け取っているわけではありません。中立的な立場で、自発的に広告塔として夢を宣伝しているのです。

だから、そこに胡散臭さは感じず夢の重要性を信じ込んでしまう。

そして、メンバーは次から次へ途切れること無く補充され続ける。「夢を持て」は、ある特定の偉人の名台詞ではありません。常に、夢の虜になった不特定多数の新参者たちが、自分の言葉として使用するテンプレート。そんな、使い古されながらも色褪せない古典です。

だから、そこに古臭さは感じず夢の重要性を信じ続けてしまう。

どうりで、ハラスメントだとは思いもしなかったわけです。ある宗教における教義が後世まで連綿と浸透し続けるには、教祖亡き後も、その教えを語り継ぐ宣教師の存在が欠かせません。夢を絶対視する「夢教」の場合、その宣教師が途絶えないことが特徴なのです。

夢が化石化せずいつまでも瑞々しいのは、この継続的無作為のメカニズムのおかげです。

しかし、だからこそ夢のアンサンブルはタチが悪い。夢を宣伝したい教唆犯である国からすれば宣伝費がずっとゼロ円なわけですから濡れ手で粟です。

しかしながら、楽して得を取れるほど夢は甘くありませんでした。「現時点で非現実的」ながら「成し遂げたい」と思える事柄は、一部の人々を除けば、そう易々とは見つからないのです。一般論として夢の重要性を信じたとしても、そこから自分自身のオリジナルの夢を持つまでには隔たりがあります。

夢を計画的に大量生産したいのであれば、夢の生成メカニズムを科学する必要があったでしょう。マネジメントできない宣教師たちに任せきりでは夢の計画的量産は不可能です。もちろん、省庁横断的な国家プロジェクトですから、国が対策を講じなかったわけではありません。目玉のひとつはキャリア・アドバイザーの配置でした。

内閣総理大臣のもとに発足した教育改革国民会議は2000年に、「職業観、勤労観を育む教育を推進する」ための施策として、「専門家（キャリア・アドバイザー）」を「中学校、高校、高等専門学校、大学など」に「積極的に配置し活用する」と提言しています（『教育改革国民会議報告』教育改革国民会議）。

国が考える「望ましい勤労観・職業観」は、先にみた通り「夢」がスタートラインです。ところが、学校教育システム自体に夢の冷却機能が備わっていますから、放っておけば夢は萎んでいきます。そこで、キャリア・アドバイザーの出番です。

キャリアの専門家には様々な呼称があるのですが、国家資格のキャリア・コンサルタントだけでも養成者数は8０００人以上。厚生労働省の計画では２０２４年度末までに10万人（『キャリア・コンサルタント養成計画について』厚生労働省）ですから、東京ドーム２個でようやく収容可能な人数です。

こんなにも他人のキャリアをアドバイスしたい世話焼きがいるのも不思議な現象ですが、プロフェッショナルが溢れ返っているのに、既述の通り若者たちは夢を持つことができていません。

どうしてでしょうか。キャリア・アドバイザーといえど仕事人ですから、就職率や就職先のネームバリューといった実績が求められます。

そうなると、たとえ若者たちが何らかの夢を持って相談に来たとしても、「それって本当に君の夢かな？」「そうだとしても、他の会社や職業でも実現できるんじゃない？」などと言葉巧みに誘導し、夢の芽を摘んでしまいます。夢は加熱するよりも冷却する方が簡単なのです。

もちろん悪気はありません。寧ろ、本人のためを思い、親身になって支援するからこそですが、だからこそタチが悪い。個人の夢を応援できない歯痒さに苦しむキャリア・アドバイザーの方も少なからずおられます。

では、日本のキャリア教育は誰を量産しているのでしょうか。大別すれば2種類の若者たちを生み出していると言えます。

まず、待機型・即席型・捏造型といったドリーム・ハラスメントの直接的被害者たち。空想じみた自分さがしを奨励された若者たちです。夢を持てとリクエストされながらも、中身は自分らしいものでいいし、自分で決めていい。けれど、実はストライクゾーンが決まっているという、要求自体が曖昧で具体性を欠いたもの。それゆえ、たとえそれらしい夢が生じても地に足が着きません。

一方、地に足が着いた若者たちもいます。夢を持つ個性ばかりが強調されますが、夢を持たずに生きることを許された唯一の特権階級です。彼らは夢という曖昧模糊とした偶像には目もくれず、別のある事柄に熱中しています。何に熱中しているかというと、お勉強に、です。

ドリーム・ハラスメントの傍らで、夢問題を免除された唯一の存在。それは、お勉強ができる学業優等生たちです。なぜ彼らが免除されるかというと、前節で確認したように、キャリア教育がそもそも若年者雇用問題の解決を目的に導入されたからです。夢を持たせることで低下した就労意欲を高めることがキャリア教育の狙い。学業優等生たちは勉強意欲が高いのだから当然就労意欲も高いものと見做され、彼らに夢の装着は不要と判断されたのです。

このことは、学術研究によって明らかにされています。高校卒業後の進路形成は「『より良い進路を目指す』上位校と、『興味・関心』、『将来の夢』のままに、勉強をやめて好きな進路を選ぶ中位校・下位校に分断化」してしまったのです（『「夢追い」型進路形成の功罪』東信堂）。

ただし、お勉強が得意だからといって、学業優等生たちが完全無欠というわけではありません。社会学者の竹内洋先生の言葉を借りれば、日本社会は「ビジョンなきただの戦術ゲーム人間」を量産しているのです（『日本のメリトクラシー』東京大学出版会）。

なぜビジョンという夢が無く、出題されたお題をこなすだけの無目的人材が量産されるのか。竹内先生曰く、それは、受験・就職・昇進というように、優勝劣敗の選抜競争が延々と繰り返される「トーナメント型人生モデル」だからです。

目前の選抜を「自己目的化」することで、いつしか「長期的野心」は「蒸発」し「解体」される。これが、日本が採択した実力主義社会《メリトクラシー》でした。目の前の競争で勝ち組になれないと次の選抜ではもっと不利になる。その恐怖感を担保に、全員を競争へと半強制的に参加させることができる。

リベラル化・リスク化した社会においても、差別を忌み嫌い誰にでも開かれた機会を好む日本社会において、この競争に参加しない選択肢は実質ありません。

そうすると、目の前の選抜競争に頑張れば頑張るほど、「長期的野心」という夢を考える暇など無くなるのです。夢のことより目の前のテストや試験のことで頭は一杯。その傾向と対策に時間もお金も頭も総動員する。それは、この人生モデルが想定する模範的な生き方であり、思惑通りなのです。

ですから、第一章で御紹介したように、学業優等生の参集場である東京大学に夢の無い人が一定程度いたことは当然と言えます。先生たちが夢を求める真の狙いは「目の前のことに頑張ること」ですから、学業優等生たちには夢など必要ありません。そもそも、目前の選抜に全身全霊を捧げている「良い子」だからです。

実際に、東京大学に進学者を輩出する高校の生徒からも、率直な声を見聞きしています。「いままでは就職の際に有利だからなどの理由で闇雲に勉強していました」

「いままでの自分ははっきりとした目標や夢を持たない状態で高校生活を送り受験勉強をしています」

「私は良い大学に行ってしっかりとスキルを身に付ければいいと思っていました」

「能力さえあれば、苦労しないと思っていた」


学業優等生たちがキャリア教育のメインターゲットでなかったとはいえ、先生たちは、彼らに課題感を覚えていないのでしょうか。本当に手放しで喜んでいるのでしょうか。実は、そんなことはありませんでした。少なくとも現場の先生たちは。

「学力レベルの高い生徒は教科書や参考書は見るが、自分自身は見ようとしない。高偏差値層にこそキャリア教育が必要」（県立普通科高校 K校長）という危惧。

「『教わること命！』のような『受け身だが学力的に優秀な生徒』もいるが、やはり、自分の頭で考えないと真に優秀とは言えない。学校での良い子が社会での良い子ではない」（県立普通科高校 M校長）という現実的認識。

「将来リーダーになる人には彼ら向けのキャリア教育が必要だし、フォロワーにはフォロワーとしてのキャリア教育が必要」（県立普通科高校 K校長）という課題感。

どうやら、「勉強さえやっていれば親も先生もとりあえず満足してしまっている」（県立総合学科高校 A校長）というのが教育現場の現状のようです。

東京大学名誉教授で解剖学者の養老孟司先生は、『バカの壁』（新潮社）にて「東大のバカ学生」のエピソードを紹介しています。同大学の口述試験で頭の骨を2個、机に並べて違いを説明させた際、ある学生が1分ほどの沈黙の後に「先生、こっちの方が大きいです」と答えたといいます。

養老先生は、「実物から物を考える習慣がゼロ」であり、「お粗末」で「幼稚園児なみ」の回答しかできなかったことに落胆します。ただし、そのこと自体に落胆したわけではありません。「あれだけ偏差値が高いなどと言って天下の受験生が目白押しになって入ってくるようなところ」にもかかわらず、この有り様であることに落胆したのです。

正解がある問題《タスク》を間違えない能力には長けていても、正解の無い問題《テーマ》に答えを創り出すことは得意ではない。問題解決と問題設定は別物というわけです。養老先生は「人間の選別方法そのものが何かおかしい」と違和感を示しています。

教育界だけではありません。ディー・エヌ・エー創業者の南場智子氏は、戦後の日本の教育は「間違えない達人」を大量生産してきたと批判的に総括したうえで（「DeNA 南場氏は、なぜ教育に燃えているのか」東洋経済ONLINE ２０１５年3月23日）、「面接で無難なことを質問する優等生」は「無価値」だと警鐘を鳴らしています（大学改革シンポジウム「起業と大学教育」基調講演２０１５年）。産学の危機感は符合しているのです。

夢とはテーマそのものを設定すること。それも、人生最大級のテーマ設定。人生という時間を何のテーマに費やすかは自分自身で決めねばなりませんが、それが苦手な学業優等生も大勢いるということです。お勉強という問題解決ができることと、夢を持つというテーマ設定ができることとは別の能力だからです。

学業優等生は、単に夢問題を一時的に回避できているだけで、就職活動など後々になって夢問題と向き合わざるを得ません。たとえば採用面接で夢を聞かれ、入社後にはやりたい仕事を問われます。

しかし、いざ答えたところで、「君の夢は大き過ぎて我が社では無理」と冷たくあしらわれたり、「いきなりやりたい仕事ができるわけが無い」と邪険に扱われたりするかもしれません。冷や水を浴びせられたそのとき、初めて社会の厳しさを知る彼らは、きっと面食らうことでしょう。

学業優等生は、夢というテーマ設定を一時的に避けることを許されてきただけの免除型と言えます。つまり、ドリーム・ハラスメントの傍らで、手荷物検査無しで素通りしていく彼らは、問題を先送りしているに過ぎないのです。

学業優等生こそ夢を持って社会に貢献し、社会を牽引せよ。そうした意見もあるでしょう。『「超」進学校 開成・灘の卒業生』（筑摩書房）の「エピローグ」には、実態調査から超進学校卒業生の「不甲斐なさ」や「心許なさ」が指摘されているほか、開成卒業生による「こぢんまりとしたエリート」というコメントも掲載されています。

社会貢献ではなく自己満足のためだけに能力と才能を用いている志の低さを卒業生として嘆いておられるのでしょう。自分のために奉仕し、成功を自助努力の結果だと過信する自惚れは「自己奉仕バイアス」と呼ばれています。

自己奉仕バイアスの問題について、東京大学名誉教授で社会学者の上野千鶴子先生は２０１９年の同大学入学式の祝辞にて次のように警鐘を鳴らしました。「『努力すれば報われる』は自分のおかげではなく環境のおかげ。人を貶《おとし》めるためではなく弱者を救済するために知識を使え」と。

夢問題を免除されてきた学業優等生の多くは夢という拠り所を持たぬままのし上がって

きたわけですから、自分の手柄を拠り所にするしかありません。周囲の協力や様々な幸運も重なり巡ってきたはずの機会を、あたかも「自ら創り出した」と勘違いしがちなのです。周囲に感謝し、社会に尽くせ。自らの立身出世のために勉学に励むなど言語道断。このように、社会は学業優等生たちに厳しい目を向けます。

なるほど、「始終我身の行く先ばかり考えているようでは、修業は出来なかろう」（『福翁自伝』岩波書店）というように、福沢諭吉が勧めた学問とは、私利私欲に満ちた野暮な目的のための手段としての学問ではありませんでした。

ですが、目の前のお勉強に集中することで夢問題を免除されてきたばかりか、そのことによって高い評価を得てきた学業優等生たち。

そんな彼らにとって、志が低いだの夢を持てだのと言われ、挙句の果てには無価値な人間だと批判されるのは、少々荷が重いかもしれません。彼らは、竹内先生の言う「トーナメント型人生モデル」の模範回答的体現者として重宝されてきたわけで、夢を「解体」された彼らに罪はありません。「話が違う」というのが本音でしょう。

なるべくしてただの秀才になってしまっているという意味では、学業優等生たちもまた被害者と言えます。

ドリーム・ハラスメントは、若者たちへの夢の装着に傾注し過ぎるあまり、ただの秀才の量産という副作用を生じている。

既に、若者たち自身はそのことに気付き始めています。「昨今の日本の教育は、どこかマニュアル人間の量産を推奨しているような冷たさを前々から感じていました」とは大人のコメントではありません。ある高校生からの鋭くも耳の痛い指摘です。

私たちは、ドリーム・ハラスメントによって、多くの若者たちの個性をねじ曲げ、直接的な被害者を量産すると同時に、ただの秀才も量産してしまっている。つまり、直接的被害者と学業優等生は、ドリーム・ハラスメントが産み落とした双生児なのです。

実際に、「私は、所謂優等生というか、いままでやれと言われてきたことをきちんとやって評価されてきたのに、急に就活とかで、自主性を求められて、困惑したままいまを迎えています」と言う若者もいます。

夢という目的が無いと動けないように躾けられ夢の中毒性に冒される待機型と即席型。一方で、その場凌ぎのために労力を割く捏造型。そして、そうしたドリーム・ハラスメントの直接的被害者の傍らで、一時的に夢問題を免除されているだけの学業優等生という間接的被害者。

リベラル化・リスク化する社会で希望の星だった「夢」。その夢の量産計画は現時点で大成功とは言えません。予想以上に被害は甚大で、「誰もが夢に向かって頑張ることができる国」の実現は、まだまだ程遠く「夢のまた夢」のようです。

教唆犯である国からすれば、大きな誤算だったことでしょう。国を挙げて推進した夢の量産計画ですが、大半がハズレくじだという意味では、博打としか言いようがありません。ギャンブル依存は危険です。

実は、国は夢の大量生産の失敗に気付き始めています。『幼稚園、小学校、中学校、高等学校及び特別支援学校の学習指導要領等の改善及び必要な方策等について（答申）』（中央教育審議会2016年）には、「キャリア教育の理念が浸透」してきている一方で、「将来の夢を描くことばかりに力点が置かれ、『働くこと』の現実や必要な資質・能力の育成につなげていく指導が軽視されていたりするのではないか、といった指摘もある」とあります。

ただし、気になるのはその続きに示された解決策です。今後の「基本的な方向性」として、「キャリア教育を実践し、学校生活と社会生活や職業生活を結び、関連付け、将来の夢と学業を結び付けることにより、児童生徒の学習意欲を喚起すること」が解決策として提示されているのです。

夢を基軸にしたキャリア教育が機能不全なのに、解決策として「キャリア教育を実践」するとはどういう発想なのでしょうか。更にアクセルを踏んだだけです。「不徹底こそ問題である」という論法は、いつの時代もトップに共通なのかもしれません。教唆犯は夢を信じ続けています。善意で。

そうなると、教育現場は頑張って徹底するしか選択肢がありません。自由の時代に、何とも不自由なものです。それでも、保護者の皆さんはキャリア教育を学校の先生たちに委託し続けます。夢を信じ、善意で。

そして、先生たちは「若者たちのために」働き続けるでしょう。過労死ラインが見えなくなるほど突き進んだ先で倒れ伏すまで。自らの内発的動機を主な原動力として、善意で。

このように、ドリーム・ハラスメントの実行犯も、それを助ける幇助犯も、そして裏側で主導してきた教唆犯も、全員が「夢は良いもの」と信じ切ったタチの悪い共犯者です。夢の集団感染と言っても過言ではありません。

別段、夢を持つことが悪いと申し上げたいわけではありません。万人に夢を持たせるという計画がいかに絵空事であるか、ということを申し上げておきたいのです。

戦後の日本は、竹内先生の言う「トーナメント型人生モデル」を採用し、戦後復興や高度経済成長の奇跡を成し遂げました。この巧みなモデルは、しかしながら、夢を量産できるモデルではありませんでした。

誰もが夢を持つためには、モデルチェンジが必要なのかもしれません。しかし、そもそもそんな必要はあるのでしょうか。

先の答申では、結局のところ「夢を持たない生き方」は想定すらされておらず、「夢を持つ生き方」が前提のままです。夢を持たないとヒトは死んでしまうとでもいうのでしょうか。

ごく稀にですが、「夢が無きゃ人は前に進めないと思う」「夢が無いなら生きる意味が無いと思う」と若者たち自身から見聞きすることさえあります。本当にそうでしょうか。

第四章　夢を持たないとヒトは死ぬのか

『夢をかなえるゾウ』の空白地帯

夢を持たねば生きていけない。若者たちにそう思わせてしまっているメカニズムをみてきました。

夢を土台にしたキャリア教育でしたが、夢の量産に成功しているとは言えません。表向きは若者たちに寄り添った恰好のプログラムも数多くあります。しかし、結果的には「よし、夢を持とう」と若者たちを掻き立て前のめりにするのではなく、躾の如く「夢を持て」とメッセージしてしまっている。少なくとも、若者たちはそのように受け取っているように見受けられます。

ワクワクさせるのではなくビクビクさせてしまっている。夢を適切に加熱してくれる存在は、どこにもいないのでしょうか。

学校教育システムが冷却装置なのであれば、夢を加熱してくれる存在は学校の外にあるはずです。芸能人やアスリートが象徴的ですが、若者たちが主体的に選択する娯楽は、より夢を加熱してくれる存在でしょう。好きなミュージシャンの曲を聞けば元気付けられ、お気に入りの映画を見れば勇気付けられます。

なかでも、夢そのものを娯楽的に描き、多くの人々に夢を加熱した代表作品と言えば、

『夢をかなえるゾウ』（飛鳥新社）でしょう。

主人公は自らを変えようと様々なことに手を出しては三日坊主で終わっていたサラリーマン。そんな彼のもとに現れた神・ガネーシャは、数々の偉人たちを成功に導いてきたメソッドをベースに、主人公に次から次へと課題を出し、七転八倒しながらも主人公はそれを乗り越え、夢を叶えるためには「継続的な実践」が肝要であることを悟っていくという物語です。

書籍だけでもシリーズ累計発行部数は350万部以上。書籍にとどまらず、テレビドラマや舞台、そしてアニメにゲームにと、人々への影響力は絶大でした。巷に溢れる自己啓発の類でここまで社会現象化したエンターテインメントはありません。こんなにも夢を楽しく取り扱い、ワクワクさせてくれるユーモラスな作品は他に見当たらないのです。

同書の刊行は2007年。2003年頃から本格的に開始したキャリア教育と重なります。キャリア教育には夢に向けて努力させる「加熱」と夢に折り合いをつけさせる「冷却」の両方の機能が必要です。なぜなら、人々が職業的夢を持っても、全員の夢が叶うことはまず無いからです。

どこかで諦めをつけてもらわなければならない。しかし、就労意欲を高め、やる気は出してほしい。加熱だけでも冷却だけでも不十分。学校教育システムが得意なのは冷却ですから、学校外に加熱的役割が必要だった。『夢をかなえるゾウ』（飛鳥新社）の影響力からすれば、同書は結果的にキャリア教育の加熱的役割を担当したと言っても過言ではないでしょう。

では、加熱された若者たちは夢を持つに至ったのか。既述の通り、至っていません。それは、『夢をかなえるゾウ』（飛鳥新社）で触れられていない空白地帯があるからです。

同書は書名の通り、夢を叶えるための書籍です。したがって、夢を持っていることが前提。誰にでも夢はあり、その夢に蓋をしてきたかもしれないが、弛まぬ努力と継続的実践で夢は叶う。さあ、自分を解放し、もう一度夢を見よう。そんなふうに思わせてくれます。読めば読むほど、夢を持つ生き方の素晴らしさが染み込んでいく。それは、裏を返せば、夢を持たない生き方について想定しなくなるということでもあります。

これが、『夢をかなえるゾウ』（飛鳥新社）の空白地帯です。つまり、夢を持たない生き方については語られていないのです。もちろん、夢を叶えるための本なのですから、そのことについて言及していないのは当然であり、同書の守備範囲ではなく説明責任も無いでしょう。

しかし、現実問題として、2007年以降も人々の夢は萎み続けており、どう足掻いても夢を持てない若者や夢を持てずに苦しむ若者が量産されているのです。夢に悩まされる若者たちの叫びは、「この世に夢を持たない生き方は無いのか」という問題提起のように聞こえます。

第二章で、夢を「当人にとって現時点では非現実的ながら、どうしても成し遂げたい個人的事柄」と定義しました。若者たちは、「現時点では非現実的」なことを「どうしても成し遂げたい」と切望しやすい状況下に置かれているのでしょうか。

モノに溢れ衣食住に困らず生活できているノット・ハングリーな若者たちに、喉から手が出るほど欲する夢を持てと迫るのは少々酷な気もします。

事実、「いまは恵まれ過ぎているため、何かを変えたいと思える夢を抱けない」という若者の声もあります。

なぜ、彼らは夢に苦しみ続けなくてはいけないのか。夢を持たない生き方に踏み出せないのか。夢を持つ生き方ばかりに引っ張られてしまうのか。

それは、夢というスーパースターの引力や、「周りも皆そうだから」という夢の汎用品化などが複合的に影響しているのでしょう。

夢が代行不能であるという前提も見逃せません。夢問題は「持つ・持たない」を他人が代わりに決めてくれません。自力で解決しなければならないのです。待っているだけでは一向に覚めることが無く、自ら持つか持たないかを決断するまで魘され続ける。それが、ドリーム・ハラスメントです。

そして、自力で解決した結果が、待機型・即席型・捏造型、そして免除型です。彼らがどのような心理プロセスで夢問題を解決しているかは、キャリア支援の場でも活用される認知心理学の「認知的不協和」という概念で紐解くことができます。次章でも用いる概念のため、ここで少し説明させてください。

認知的不協和とは、矛盾する認知に対する心地悪さを指します。たとえば、喫煙者は「タバコを吸いたい」と思いながらも「タバコは有害」と知っています。ここに、心理的葛藤が生じるのです。このとき、喫煙者はどのように心地悪さを解消しているか。「でも喫煙者が全員喫煙によって死亡しているわけではない」「あの人だって喫煙者だが長生きしている」と自分に都合の良い情報をエビデンスとして集め、言い聞かせるように認知に加筆修正を施すのです。この場合、認知を変えることで不協和を解消していますから、喫煙という行動は変わりません。

他方、認知を変えずに認知的不協和を解消する方法もあります。それは、タバコをやめることです。この場合、認知ではなく行動を変えることで不協和を解消していると言えます。

つまり、認知的不協和は認知か行動を変えることで解消可能になる。人は、認知に手を加えるか、行動に手を加えるかで、様々な矛盾をやり繰りしています。

ドリーム・ハラスメントを受けた若者たちの心理プロセスの場合はどうでしょうか。「夢を持て」と強く迫られる彼らは、「夢は持つべき」「けれど持てない」と葛藤します。

この葛藤に対して、「夢はすぐには降ってこないのだから、待てばいい」と認知を修正することで調和を保つのが待機型。「とりあえず何でもいいから決めてしまおう」と行動するのが即席型です。そして、「大人が求めてくる夢は重要ではない」と認知を修正し、「だから適当に答えてやり過ごそう」と行動もするのが捏造型。彼らの解消策は対症療法的であり一時凌ぎです。

一方、学業優等生たちはそもそも認知的不協和に陥っていません。一時的に免除されているからです。したがって、そもそも解消すべき葛藤状態にないのです。

ただし、それはただの先送りに過ぎず、就職活動や仕事など後々になって認知的不協和に陥る可能性が無いわけではありません。そのとき、余程夢に対するスタンスが定まっていなければ、ドリーム・ハラスメントの被害者たちと同様に、対症療法的に認知的不協和を解消するしか無いでしょう。

夢が持つものとして一般化したいま、これが若者たちにできる精一杯の自己防衛策なのです。

やはり、夢を持たない生き方はできないものなのでしょうか。小学1年生でランドセルを背負うように、ある特定の時期に皆が夢を持たねばロクな生き方はできないのでしょうか。

主体性や計画性が重視されるキャリア教育のもとでは、社会人になってから夢を見つけるのは消極的で非計画的と見做されてしまうのでしょうか。

良いキャリアとは良い人生。良い人生とは良い旅と言えます。人によって、計画通りのツアー旅行が好きな人もいれば、弾丸旅行を好む人もいます。思い通りの旅も結構ですが、思い掛けない旅も楽しいものです。旅も人生も、十人十色でいいじゃないですか。

キャリアとは後から振り返ったときの足跡や履歴。直線的なキャリアも素晴らしいですが、曲線的なキャリアも個性的で魅力的です。

どうも、「当ても無く歩く」という時期などあってはならないものだと排除されている気がしてなりません。計画的ではあっても、遊びや無駄が無く極めて窮屈で退屈なキャリアばかりが推奨されている。若者たちと接していると、そう感じます。

歩き出すにはまず目的地が必要で、明確な理由や動機に基づいて一歩を踏み出させる。非常に画一的です。

多才な若者たちの多様な就職活動を応援するはずの就職情報会社の多くも画一的です。彼らの商売上の手口は、「皆さんがやりたい仕事や夢を決められないのは、皆さんがまだ情報を知らないだけ。さあ、情報収集を」です。

こうして、情報不足という課題感を醸成し、そこに情報提供することで課題を解決すべく、自社の就職情報サイトなどに巧みに誘導してきたわけですが、「なぜ、やりたいことや夢が事前に無いといけないいか」は一切俎上に載せられません。夢という動機を携えて就職活動を行い、社会に出ていくということが、疑う余地の無い前提とされている。まるで、万人にとって無上の喜びであるかのように。

彼らは表向きは情報を販売していますが、結果的には画一的な生き方を押し売りしている。それが、本当に志した商売なのでしょうか。もしそうならば、情報会社の割には、かなり情報が偏っていると言わねばなりません。「知は力なり」も事実ですが、「知らぬが仏」も事実。知り過ぎることで却って踏み出せない人だっているのです。

「犬も歩けば棒に当たる」のですから、歩き出しさえすれば、幸運に巡り合う可能性は自ずと高まります。したがって、目的地も、理由や動機も、必需品ではありません。歩き出す前にあれこれ求められれば、歩き出す気を失ってしまいます。選択肢が多ければ多いほど幸福度も上がるだろうという単純な方程式は、お節介な思い込みなのです。

あらゆる一歩に意味を求め過ぎている。意味とは言い換えれば価値です。一歩一歩に価値が無いと認めない。「急がば回れ」や「果報は寝て待て」は許容しない。人生が100年時代になろうというのに、いままで以上に若者たちを生き急がせて一体何になるのでしょうか。息苦しくて息切れしてしまっては、元も子もありません。

事前に分かる価値など高が知れています。何がどこでどう役に立つかは予測不能です。キャリア教育は働く前に働く意味を過剰に考えさせていますが、働いたことも無い若者にどんな意味を理解させたいというのでしょうか。

結局のところ、意味という病に取り憑かれ、「事前に価値を見出せなければ動かない」ように躾けられた若者たちを量産してしまうだけです。

ですから、「夢が無いと進路が決められない」だとか、「夢が無いから何もする気が起きません」と夢依存になるのも当然です。「机が無いと勉強できません」と言う子どもと同じように、「夢が無いと一歩も動けない」のです。

夢を必需品の如く求めたのですから、「夢さえ持てれば頑張れるのですが、肝心の夢が持てないので頑張れません」と言う論理的な若者たちを、大人は非難できません。夢という前提条件を満たしていないのですから、致し方無いのです。

アメリカの代表的経済紙『THE WALL STREET JOURNAL』（2008年5月）の「最も影響力のあるビジネス思想家トップ20」に、アジアから唯一選出された経営学者の野中郁次郎先生は、昨今の日本の企業経営にみられる「三大疾病」に警鐘を鳴らしています。「三大疾病」とは、「オーバーアナリシス・オーバープランニング・オーバーコンプライアンス」という3つの過剰のこと。これは人生経営にも当てはまります。

若者たちに過剰に自己を分析させ、過剰に人生を計画させ、過剰に統制する。働く前からあるべき人材条件を提示し、それに適うよう個人を矯正し、そこから外れると社会で生きていけないような同調圧力を感じさせているのです。「備えあれば憂い無し」ということでしょうが、「過ぎたるは及ばざるが如し」。備え過ぎると荷物が多くなって身動きが取れなくなります。

周囲が「夢は良いもの」「夢は持つべき」と一様に信じ込んでいるときに、自分だけ「持たない」と言い出すのは勇気を要するでしょう。一大決心のように感じるかもしれません。

しかし、実際にはそんなことは無いのです。目的のために努力できる強さは、目的が無ければ頑張れないという弱さでもあります。私たちは、特定の目的のために生まれてきたわけではありません。日々、何かのために合目的的に生きているわけではありません。

夢を持ち、その実現に向けて日々努力する生き方は確かに素晴らしいものですが、もし夢を携えて生きる生き方しか無いのだとすれば、実に画一的で多様性に乏しい社会ではありませんか。

私たちは、夢を持つ若者と夢を持たない若者の両者に対して的確な支援ができているでしょうか。一律で「夢を持とう」「夢を叶えよう」「夢に日付を」と使い勝手の良い武器を振りかざしてはいないでしょうか。夢を持たせることに躍起になればなるほど、夢を持てない若者を認められなくなり、排除することになります。

ある中学校の校長先生は「夢が持てない子へのキャリア教育はいまぽっかり空いている。そして、実は夢なんて持てない子が大半です」と実態を教えてくださいました。果たして、夢を持たないとヒトは死ぬのでしょうか。

夢を持たない生き方

これまで、ドリーム・ハラスメントの被害者の声を多数御紹介してきました。しかし、なかには、夢を持たない生き方に否定的な若者たちもいます。

「先に夢を見つけて努力した者勝ちだと思います」

「私は、物心付いた頃から夢を持っていたので、夢が無い人がどういった心持ちでいるのか、大変不思議でした」

「私は将来、やりたいことがあるのですが、それが当たり前で、寧ろ無い方がおかしいと思っていた」

「『夢は必需品じゃない』とかは、夢が無い人の言い訳だと思った。他人に甘く、自分に厳しくした方が良いと思いました」

こうした意見を非難するつもりはありません。夢に対するスタンスは千差万別でしょう。夢に生きる彼らは、夢の量産計画を目論んだ大人たちの思惑通りの生き方でもあります。ただし、生き方がそれだけ、というのはあまりにも味気無いではありませんか。夢を持つ人はそんなに偉いのでしょうか。夢を持つ人が優秀で、そうでない人は劣悪なのでしょうか。

第一章で「偉業と夢が無関係」であることを確認しましたが、たとえば『夢をかなえるゾウ』（飛鳥新社）に登場する偉人たちにも夢はありませんでした。

大正6年に妻と共に小さな借家の土間でソケットづくりを始めた松下幸之助は、「当時は、その仕事が今日のように大をなすとは夢にも考えていなかった」のであり、その実情は「ともかく生活の道をという、日々の切実な考えで仕事を始めた」と回顧しています（『松下幸之助 夢を育てる』日本経済新聞社）。

ダーウィンにしても、最初から「進化論」を夢見ていたわけではありません。医師の父親から医師になるよう勧められますが医学の勉強は退屈で手術も正視できない適性の無さ。

医師の道を断念し、父親は牧師にするためケンブリッジ大学に入学させますが、ここでもキリスト教より科学に興味を示す紆余曲折ぶり。

たまたま南米の海岸線測量を目的とした航海に誘われ調査船ビーグル号に搭乗。約5年の航海で、ガラパゴス諸島などに立ち寄った際に生物の標本を採集し、結果的に考え付いたのが進化論です。

発明王のエジソンに至っては、壮大な夢から最も縁遠い存在です。父親は彼のことを「馬鹿と決めこんで」おり、小学校では「あいつの頭は腐っている」という校長先生のひと言を耳にし3箇月で中退。10代の初めから自活を強いられ、聴覚の喪失もありながら放浪の日々を過ごし、小さい頃からほとんど独力で人生を切り拓いてきました。

発明家になることを決意したのは19歳のときで、その前には規則違反や仕事の失敗などのために、次々とクビになり転職の回数は数え切れないほどでした。

彼は、「やりたいことは何か」などと学校に通いながら悠長に夢を模索したわけではありません。背水の陣で発明家になるくらいしか残された道が無かったのです。

「そうせざるを得なかった」要因に目を向けずに、若者たちにしたり顔で「エジソンのように夢を持て」とメッセージしているとすれば、それは彼のキャリアを無条件に美化し過ぎであり、美化された夢物語を鵜呑みにし過ぎです。

やはり、夢は偉業の必要条件ではありません。たしかに、夢を持つ生き方があってもいいでしょう。しかし、夢を持たない生き方を一方的に否定するのは戴けません。夢を持たない人に生きる権利はないのでしょうか。夢を持つ生き方の一方で、そうでない生き方も尊重し、許容しなければ、社会全体として多様な人材が輩出される土壌は形成されないでしょう。

別段、努力しないという意味での「ありのまま」の生き方を称揚したいわけではありません。「夢を叶えるぞ」と意気込む生き方と、「夢なんて持たないぜ」と頓着しない生き方。それぞれの努力の仕方、頑張り方があっていいでしょう。夢を持たない個人は反社会的なのではなく、違う形で向社会的なだけです。

夢を持っていることに自信満々の若者たちだって、よくよく聞いてみれば、夢が必要だと考える理由に確信が無いことも珍しくありません。

「夢が無いといまやっていることは何の意味があるのかと不安になってしまう」

「夢があれば何を勉強すればいいのか、どこの大学に入ればいいのかなどちゃんと分かる」

つまり、大人たちに夢漬けにされ、夢中毒に陥っているだけで、必ずしも確固たる信念や内なる動機に基づき夢の重要性に思い至っているわけではないのです。

夢という動機が無いと行動できないよう躾けられ、意味を感じられないと不安に陥ってしまう。彼らは、行動する前にその行動の価値が確認でき、意味ある行動だと思えない限り身動きが取れません。理屈が通らないものは信じないように教育されているからです。

夢があれば実現までのプロセスが明快であるというのも一見尤もらしいですが、あくまで「そういう夢ならば」の話です。「世界から貧困を無くしたい」や「幸せな家庭を築きたい」といった助言容易性が低い夢の場合、何をすべきか明言することは難しいものです。

では、夢を持たない場合はどう生きるか。研究者の世界には、「キュリオシティ・ドリブン」という好奇心主導型で成果を生み出す方法があります。対極に位置するのは目標志向型の「ゴール・オリエンテッド」。望ましい未来を定義し、将来を見据えて未来起点でいま何が求められるか逆算的に目標を明確化する考え方です。

人のキャリアについても2通りの生き方があるでしょう。ひとつは、夢を決めてそこから目標をブレイクダウンし、やるべきことを明確化する「逆算型」のキャリア。そしてもうひとつは、好奇心に基づきキャリアを積み上げていく「加算型」のキャリアです。日本が誇る世界的アニメーション作品を数々生み出してきたスタジオジブリ。宮崎駿監督・高畑勲監督と共に映画づくりを支えてきた鈴木敏夫プロデューサーは、イベントやラジオで「世の中には2種類の人間がいる」と話しています。

ひとつは、夢や目標を持ってそれに到達すべく努力するという生き方。もうひとつは、目の前の仕事をコツコツやって開けてくる未来に身を任せる生き方。ジブリ作品になぞらえれば、映画『耳をすませば』の主人公・月島雫は小説家になりたいという夢に向かって努力するスタイル。映画『魔女の宅急便』の主人公・キキは、飛べるという生来の能力を使ってその時々の局面を打開していくスタイル。飛行能力が宅急便に活かせるからと仕事を始めたものの、会社を大きくしようとか社長になろうといった壮大な夢は持ち合わせていません。正に、逆算型と加算型の生き方です。

アカデミー賞受賞など数々の栄光を下支えしてきた鈴木プロデューサーですが、御自身は「僕は後者の方だと思う」と述べています。「子どもの頃から夢に悩まされてきた」と言う同氏は、「自分でやりたいことなんて何もなかった」のであり、「夢に向かって頑張り続ける成功だけじゃない成功がある。目の前のことに一所懸命になっていれば開ける道もある」という持論を展開しています（『禅とジブリ』淡交社）。

もちろん、逆算型と加算型以外にも生き方は様々存在するでしょう。しかし、少なくとも、予め夢を定めて一心不乱に努力するスタイルだけがライフスタイルではない、ということが、実在する同時代人の生き方からお分かりいただけると思います。夢という将来のために生きる方法もあれば、いまを生き切る方法もあるのです。

ある高校生から「私は、大人は皆大きな夢を持っていると思っていた」とピュアな意見をもらったことがありますが、実際にはそんなことは無いのです。第一章で御紹介したように、全国の20代以上で約半数は夢を持っていません。知人の医師F氏は学生時代に医師を目指してはいたものの「壮大な夢っていうのとは違う」と語っています。

中年男性の詳細な生活史を調べた研究によれば、「〈夢〉に忠実」に生きている人もいれば、「〈夢〉が幅をきかせている人生」は送らず「〈夢〉などもたない者」もいることが確認されています（『ライフサイクルの心理学』講談社）。

では、夢が無いと不幸かというと、そんなこともありません。夢を持っていなくとも幸福である大人は少なくないのです。小学校6年生のときに「希望していた仕事」に就いている人の割合は8・2％、中学3年生の時点では15・1％にとどまりますが、「仕事にやりがいを感じたことがある」のは84・2%。つまり、職業的夢を実現していなくとも、幸福は手に入れられるということです（『希望学』中央公論新社）。

世界的に注目される片づけコンサルタントの近藤麻理恵氏の整理整頓の極意のひとつは、「ないならない」で「どうにかなる」と割り切るというもの。「どこかにあったはず」と探し出すと、無いことに苛立ち不安感や焦燥感が募ります。しかし、「モノがなくても行動すればたいていのことは解決」でき、「死ぬようなことにはならない」。必要なときに調達するなど行動すれば「案外あっさり解決してしまう」のです（『人生がときめく片づけの魔法』サンマーク出版）。夢も同じです。「無いなら無いで、どうにかなる」ものなのです。

夢を持たない生き方は、理論的にも研究されています。キャリア教育のベースは人の生き方や人生の歩みを研究対象としたキャリア理論です。どんな人にも歩んできた人生の足跡や履歴がありますから、私たちはキャリア理論と無縁ではありません。そのキャリア理論には、「夢を持たない生き方」を応援する考え方が幾つもあります。

たとえば、寄り道せず真っ直ぐ進む「ストレート・キャリア」や蛇行しながら回り道する「ジグザグ・キャリア」といった考え方があります（『働くひとのためのキャリア・デザイン』ＰＨＰ研究所)。つまり、夢の無い生き方も想定しているということです。

また、アメリカで「職業指導運動の創始者」や「キャリア・カウンセリングの父」と呼ばれるフランク・パーソンズが提唱した「特性因子理論」も夢不在の個人を応援してくれます。

これは、自分の特性と環境の因子によって相性や向き不向きがある、という考え方です。別名マッチング理論と呼ばれるこの理論は、人は夢など持たなくとも、個人の特徴に合った仕事が必ずある、というもの。「丸いクギは丸い穴に」という適材適所の考え方です。

この理論の歴史は古く、１９００年代初頭からいまもなお根強く活用されています。就職情報会社が提供するマッチングサービスも、基本原理はこの理論に則っています。

より最近のキャリア理論にも、夢を必要としないものがあります。21世紀型キャリア・カウンセリングの第一人者であるマーク・Ｌ・サビカス氏による「キャリア構築理論」です。これは、賃金などの客観的労働条件で仕事の満足度を高めづらい現代にぴったりの考え方で、主観的解釈としての「意味」を重視します。

それまでのキャリア理論は、人と環境の適合性を中心に論じていましたが、彼は人と環境が完全にマッチすることは無く、寧ろ、個人が解釈を変えていくことでフィットする、と考えました。客観的な事実は不変ですが、主観的な解釈は可変だからです。キャリア構築理論とは、言い換えれば解釈を後から構築する意味づけ理論です。

たとえば、ケネディ大統領の「あなたの仕事は?」との質問に「人類を月に送るお手伝いです」と答えたとされるNASAの清掃員の解釈は、この理論の模範解答でしょう。清掃員としての仕事内容や給料は何ら変わりませんが、その捉え方次第でやる気に火が付き、良いパフォーマンスにも繋がる。解釈で満足度は高まるというわけです。

つまり、キャリア構築理論も、夢など必要としていないのです。どんな仕事にも意味があり、価値がある。それは、事後的な解釈で十分に実感可能で、夢の有無は不問なのです。

夢に生きたキング牧師は、生前最後の演説「The Drum Major Instinct」で興味深いことを述べています。「私の言葉や歌が誰かを助け、元気付け、正しき道へと導いたとき、初めて私の生に意義があったと言えるのだ」。彼は、人生の意義が自分の夢の実現にあるとは考えなかった。そうではなく、事後的な他者の解釈で決まるのだと、意味づけ理論的に考えていたのです。

保護者の皆さんに直接お話を伺うと、消去法的に進路を決めた方や、「大学の教授の紹介で入社を決めた」とか、「人事の人の雰囲気が良さそうだったから」など、凡そ夢があったとは到底言えない理由でいまの仕事に就いた方も少なくありません。筋書きなど無かったのです。

それでも、「意外とやってみたらやりがいを感じる」。もちろん、世代や時代にもよるでしょうが、少なくとも、万人が職業的夢を携えて社会に出ているわけではありません。演繹的な生き方がある一方で、帰納的な生き方もあることを、大人の皆さん自身が実証しているのです。

このように、本来、キャリア理論は夢の無い若者たちも応援してくれる存在のはずでした。しかし、たとえばキャリア・アドバイザーといったキャリアの専門家でさえ、実績を残さねばならない都合上、これらの理論を都合の良いように使ってしまっています。「君の強みを活かしたやりたいことは何？」と夢を強引に捻出して適職らしき仕事に誘導したり、「夢を持てば目の前のことは苦でなくなる」と社会に出る前から意味づけを要求してしまっています。これは、明らかに誤用です。もし、若者のキャリアのためでなく自身のキャリアアップのために仕事をしているのなら、実にイージーです。キャリアの資格《ライセンス》はあっても若者を支援する資格はありません。

やっつけ仕事の突貫工事で組み立てられた夢は華奢で脆弱。夢の無神経な冷却も罪ですが、急な加熱も罪です。

実際に、「私は『生きる意味は必要だ』と思っていましたが、その『意味探し』に正直精神を擦り減らして疲れていた」と言う高校生がいたほどです。

私自身の話で申し上げれば、就職活動中に1人の親友を失いました。自殺でした。動機は未だに分かっていません。寝食を共にした親友のはずが、悩みや相談を聞くことすらできなかった。肝心なときに役に立てなくて「何が親友だ」と自分の存在意義を自問自答せざるを得ませんでした。

しかし、そのおかげで、「生きるとは何か」「どう生きるか」を真剣に考えることができました。それは、「人はこんなにも簡単に死ぬ」ということを目の当たりにしたからです。死の実感が生を実感させてくれたのでしょう。

私にとって彼の死は、こうした「意味」のあることになりました。彼は亡くなりましたが、彼を失った経験はいまでも生きている。

でも、それは時間が経過して後から立ち上がった偶発的出来事への事後的解釈です。彼自身にとっても、私がここでこうして物語ることは予想外だったはずです。彼の姿形はもうこの世にありませんが、彼が生きた意味はこの世でアップデートし続けます。死後もキャリアは生き続ける。このことを、彼は事前には想定し得なかったでしょう。

自殺に肯定的な意味があるなどという暴論を提示したいわけではありません。自殺という一見無価値な出来事でさえ、意味は事後的に生じるということです。

人のキャリアにおける意味とは先には存在しないもの。夢が人生という旅の必需品であるかのように吹聴し、意味を行動より先んじて強引に実感させるには無理がある。少なくとも、「精神を擦り減らす」くらいに嫌がらせだと感じる若者が相当数いるということを申し上げておきたいのです。

私たちは、若者に「夢を持つ生き方」ばかりを過剰要求しています。「よく親から『逆算しろ』と耳にタコができるほど言われていましたが、なかなかできず、自分に合った型ではないのではと悩んでいた」と言う彼らは、かといって別の生き方があることを知らされていません。

だからこそ、「学校や社会は逆算型を好む傾向があるように感じます」と嘆き、「私には夢がありません。大人に相談しても、あまり良い答えは出てきません」と諦めの境地に達してしまうのです。私たち大人が、夢を持たない生き方を提示できていないからです。

逆算型の生き方もあれば、加算型の生き方もある。過剰な分析・計画・統制によって正しい選択をさせようとするのも結構ですが、選択が正しかったと後から思えるように力を尽くすのも等価値です。どちらも違った形で幸せになれる。社会への貢献方法が異なるだけなのです。その事実を、若者たちにきちんと伝えるべきではないでしょうか。

キャリア教育が目指す到達点のひとつは「自分らしさ」です。しかし、建国日がいつなのか明確な国民的合意が無い日本。ビジョンや理念に基づいて建国されたわけではない国が日本ならば、夢が無いことこそ「日本らしさ」とも言えます。

スティーブ・ジョブズ氏を皮切りに、世界で耳目を集めている「ZEN」の源流は日本の「禅」ですが、その根本思想は「欲はほどほどに」。「少欲知足」と言うように、あまり欲張らず寧ろ「足るを知ろう」というスタンスです。資本主義が肯定した欲求。その最大級である夢は、「日本らしくない」のかもしれません。

「過去を悔やまず、未来を憂えず、いまを生きる」という禅の考え方が世界的に受け入れられつつあるということは、「日本らしさ」というローカリティがグローバルでも通用するということでしょう。「人生100年時代」と言われ、子どもは就職を見据えて勉強に励み、大人になると今度は老後に備える。人は、一体いつになったら「いま」を生きられるのか。そんな世界中に溢れるため息への日本的解決策なのかもしれません。

「幸せ」という言葉だって、他人の振る舞いに「仕合せ」られることを喜びだとしたのが元の意味でした。つまり、自ら夢を掴み取る主体的幸福ではなく、周囲に合わせる受動的幸福を指した概念が「幸せ」。受け身の方が「日本人らしい」とも言えるのです。

もちろん、いまのように社会がリベラル化・リスク化する前の話です。「時代は変わったのだ」という御指摘もあるでしょう。

しかし、八百万の神の国、日本。それを描いたスタジオジブリの映画『千と千尋の神隠し』を筆頭に世界中で愛される日本のアニメーション作品。日本には、万物に魂が宿っているという「アニミズム」の考え方が根付いています。その語源である「アニマ」は生命や魂という意味で、「アニメ」の由来となっています。多種多様を許容する日本のアニメがハイクオリティであることも頷けます。

片づけコンサルタント・近藤麻理恵氏の「こんまりメソッド」も、あらゆるモノの精神性に思いを馳せて要不要を判断し仕分けする点で、八百万の神のマインドに根差したアイデアだと言えます。

ダイバーシティ《多様性》だインクルーシブ《包摂》教育だと声高に叫ばれる昨今ですが、日本は昔から多元主義。多様であることを許容してここまでやってきたではありませんか。夢を持たない生き方がロクな人生ではないと若者たちに思わせてしまっているのは、ライフスタイルを狭め、彼らの個性を殺しているだけです。排他的な人間を再生産するばかりで包容力に乏しい一元論的社会に、明るい未来は待っているのでしょうか。


どんな生き方も許容せよ、何でもアリだ、とは申しませんが、少なくとも夢を持たない生き方があってもいいはずです。いえ、実際に、夢など持たずに幸福に生きている人々は多数存在し、理論的補強もなされているのです。ストレート・キャリアもジグザグ・キャリアもあるから面白い。色々いるから強い。共存共栄です。

生物学的にも、「皆が一斉に働くシステムは直近の効率は高いが、遠い未来の適応度は低い」ということが分かっています（『働かないアリに意義がある』メディアファクトリー）。

異質な者同士が互いを理解し合って仲睦まじく暮らす必要は無い。同質化した同居よりも異質なままの雑居の方が、集団としての生存力は高いというわけです。

皆が夢を持ち、その実現に向けて齷齪《あくせく》働く人間の社会は、実は脆いのかもしれません。八百万の精神で、様々な個性を抱えている多様な組織の方が変化に柔軟に対応できるからです。

夢のある計画的な人生だけが素晴らしいわけではありません。夢を持たない人生にも同等の価値がある。人生という旅の持ち物リストに夢は無くともいいのです。実際に、少なくない大人の皆さんが、後から経験に意味づけし、解釈を加筆修正することで幸せを実感している。

しかし、それは往々にして大人になってから気付くこと。夢の先決を求められ、予め意味を噛みしめるよう躾けられている若者たちは、いまこの瞬間も苦しんでいます。彼らを夢の呪縛から解き放ち、夢を持たない生き方を実践可能にするために、大人にできることは無いのでしょうか。

大きな夢より小さな成功体験

夢を持たずに加算型で生きていく場合、夢以外の拠り所が必要になるでしょう。何を頼りに生きていくか。夢を持たないわけですから、将来の自分ではなく現在の自分を頼るほかありません。後から振り返ったときに確かな足跡があればこそ、付与できる意味も生じます。とすると、若者たちが「頼れるだけの自分」を形成する支援が、私たち大人の役割です。

キャリア理論では、自己効力感理論という考え方があります。自己効力感とは、「やればできる」という感覚を指します。

興味深いことに、人の自己効力感は実態を正確に反映しているわけではない、とされます。たとえば、過去の失敗から過剰に苦手意識を持ったり、不安がったりしてしまう。そうした経験は誰にでもあると思いますが、これは正確な実態を反映しているわけではありません。あくまで感覚ですから、実際には、やってみればできるかもしれない。

つまり、人は事実よりも実感を重視するのです。「やればできる」かどうかは、究極的にはやってみないと分からない。明確なエビデンスなど存在しないのです。勘違いには価値があり、俗に言う「根拠無き自信」には一理あるわけです。ですから、「夢なんて無くとも幸せにやっていける」と実感できさえすればいいのです。

では、「やればできる」と思える自己効力感の高い人はどんな人なのか。自己効力感理論によれば、「小さなチャレンジ」によって「小さな成功体験」を積み重ねている人です。大きな夢より小さな成功体験、というわけです。

若者に期待を寄せることは確かに重要ですが、過度な期待は要注意です。実現可能性が低過ぎると自己効力感は高まりません。にもかかわらず、大人は実現可能性が最も低いものを若者たちに求めています。そう、「夢」です。

成功体験を得るのが最後の最後まで分からないだけでなく、ほとんど失敗に終わってしまうもの。それが「夢」です。ですから、夢を強要することは、若者たちを成功体験から遠ざけること。どうりで、嫌がらせに発展するわけです。

高過ぎる目標を掲げると、なかなか成功体験を得られずやる気は持続しません。中国留学中に現地の大学の先生から興味深いことを教わりました。

「日本人留学生の多くは真面目。読み・書き・聞き取りすべてにおいて最初から100点を目指す。その姿勢は評価するが、結果50点で終わる。一方、欧米人留学生は、発音は汚いし文法も滅茶苦茶だが、最初から100点は目指さず80点くらいを目指す。そして、結果60点で終わる」

もちろん、あくまで傾向の話であり、低い目標設定の方が必ずしも望ましいというわけでもありません。しかし、壮大過ぎるビジョンの場合、ただの夢物語で終わる可能性が高いことは事実でしょう。

自己効力感とは要するに自信のこと。そう思われるかもしれません。しかし、自信には2種類あります。ひとつは先ほどの自己効力感。「やればできる」という自信です。もうひとつは、「できなくとも自分を受け容れられる」という自信。こちらは「自己肯定感」と呼ばれています。

多種多様な学校の先生たちへのインタビューで必ず耳にする最頻出キーワードが「自己肯定感」です。ほとんどの先生が「生徒に自己肯定感を身に付けてほしい」と願い、なかには「教育の最大の目的は自己肯定感。それがすべての出発点」と仰る校長先生もいます。

では、それほど重要な自己肯定感の現状はどうかというと、「子どもたちの自己肯定感は低い」と口を揃えて嘆かれるのです。

たしかに、内閣府の調査でも、日本の若者の自己肯定感は低い結果です。諸外国（韓国、アメリカ、イギリス、ドイツ、フランス、スウェーデン）の若者（13〜29歳）は「自分自身に満足している」のが70％以上なのに対し、日本の若者は45・8％。「自分には長所がある」

と思っている若者の割合も日本が最下位で、「自分について誇りを持っているもの」ではすべての項目で諸外国平均を下回っているのが実態です（『平成26年版 子ども・若者白書』内閣府）。

日本の若者たちは、自分を丸ごと受容できる自信を育めていないのかもしれません。実際に、「身近な大人である親が押し付けがましく、私の考えは全否定でした」といったケースも見聞きします。

ここに、ひとつの疑問が生じるのです。自己肯定感が低いのであれば、どうやって夢などという非現実的で壮大なビジョンを持てるというのでしょうか。自信すら持てていない個人が夢を持てる道理は見当たりません。無謀です。

1年で偏差値を40上げて慶應義塾大学に現役合格した学年ビリのギャル・小林さやかさんも、自身が備えていたものが、「ああちゃん（お母さん）が『さやちゃんは世界一幸せになれる子なのよ』って言って育ててくれたおかげで刷り込まれていた自己肯定力だけ」と語っています（一般社団法人日本セルフエスティーム普及協会オフィシャルサイト）。逆に言えば、偏差値の低い「ビリギャル」といえども自己肯定感だけは高かった。

翻って、いまの若者たちが自己否定気味であるならば、そんな彼らに自己実現を求めるのは土台無理な話でしょう。

先生や保護者の皆さんは、若者に自己肯定感を身に付けてほしいと願いながらも、成功体験の得難い夢をリクエストしていますから、一向に自信は蓄積されません。そして、その構造的矛盾に気付いていないのです。

自己効力感は「やればできる」という能力への自信で、その鍵は「小さな成功体験」だと申し上げました。

一方の自己肯定感は「ありのままの自分を認められる」という存在への自信。存在感を発揮できる居場所の確保が鍵です。居場所は何もせずには湧いてきません。コミュニティのなかで「小さな成功体験」を積み重ねている人の方が、結果的に自己肯定感も高いのです。

エジソンが創業したゼネラル・エレクトリック社を長らくトップとして率いたジャック・ウェルチ氏。約20年の在職中に株価を30倍にし「伝説の経営者」と呼ばれた彼は、人生に壮大な計画など無く、大きな夢を掲げないことを提唱しています。その手法は「スモール・ビクトリー・アプローチ」と呼ばれ、最初に期待を膨らませ過ぎてはいけないといいます。

彼が夢の代わりに推奨するのは「自信の貯金」を始めることです。最初に、達成可能なハードルの低い現実的目標を立てる。その目標を達成すると良い気分になるので、次はもう少しだけ大きな目標を立てる。このように、一歩一歩自信を築くといったスタイルです。最初から大成功を目論むのではなく、目の前のことに全力投球し、小さな成功を加算していく。そんなライフスタイルもあるということです。先の欧米人留学生を彷彿とさせます。

ソフトウェア開発の分野でも似たようなことが言われています。緻密な計画に基づき順を追って開発を進める「ウォーターフォール《順次移行》型」は開発途中での変更が難しい。一方、短い期間で実験と修正を繰り返し、徐々に開発を進めるのが「アジャイル《俊敏》型」。こちらは、不具合や仕様変更などに対し、臨機応変に対応することができます。

ウォーターフォール型は、極力失敗を経験しません。ただし、ある工程が遅れるとドミノ倒し的にすべてが遅れる大失敗の危険性があります。対するアジャイル型は、小さな失敗を数多く経験しますが、「急がば回れ」で変化に強い。結果的に、大失敗を防ぐことができます。

当初の計画に従っていれば都度頭を使わなくて済む前者と、都度考え軌道修正する大変さはあるものの臨機応変に対応できる後者。致命傷か擦り傷か。変化に弱いか、変化に強いか。

トヨタで「レクサスLFA」、ソフトバンクで「Pepper」の開発リーダーに携わった林要氏は、都度状況を学習し最適化し続けるアジャイル型の方が、不確実で変化の激しい時代には相応しいと言います（「『使命』を軸に考えるGROOVE X 林 要のキャリア論」WANTEDLY JOURNAL ２０１７年10月16日）。

人のキャリアにも同様のことが言えるでしょう。アジャイル型で重要なことは、完璧な設計図を求めず未完成の状態でもスモール・スタートで実験に踏み切り、スモール・ビクトリーを重ねること。つまり、小さな成功体験を積み重ねることです。


では、大人にできることは何でしょうか。若者たちが未完成の状態でも実験に繰り出し、小さな成功体験を得て、自己効力感や自己肯定感を高めるためには、どのようなサポートが必要でしょうか。

逆説的ですが、サポートしないことが、大人にできることとです。

若者たちは、「やればできる」と励まされ、「できなくとも大丈夫」と応援されるだけで動いてくれる相手ではありません。口で語るのもいいですが、「背中で語る」ことも手法のひとつ。大人自身が果敢に挑戦する後ろ姿は何よりの教材です。

衣服を与え、食事を与え、住居を与え、おもちゃも教科書も全部与える。愛情とは与えることで、与えることが仕事だと思い込み、与える教育ばかりを実践しがちな大人。私たちは、事あるごとに与えないと教育した気になれなくなっています。

しかし、与えない教育で功績を収めている事例もあります。たとえば「ノーサイン野球」で選手の自主性に賭けた常葉大学附属菊川高校は甲子園に出場し活躍。都立両国高校は「教えない授業」で現役生の国公立大学合格率「都立トップ」を獲得。

これらの事例が万能だとは思いません。ただし、過剰なサイン《指示》が無くとも若者たちが躍動することは示唆している。フランスの哲学者ルソーが提唱した「消極教育」や、彼に影響を受けたスウェーデンの思想家エレン・ケイの「教育の最大の秘訣は教育をしないところに隠れている」(『児童の世紀』冨山房)を体現した例と言えるでしょう。全く何も与えない放任型教育ではなく、余計な手出しをせず温かく見守る放牧型教育というわけです。

賞罰や脅しによって強制され続けた者に、自発的に学習を楽しむ躍動感は生じません。生じるのは、正解志向や忖度力といった「自ら考えないで済む力」です。

自主性に賭けるか、主体性を奪い従順を手に入れるか。彼らを信じるか、大人の都合で思い通りに操るか。チャレンジングな若者たちを育むのは、大人の宿題《チャレンジ・テーマ》なのです。

幼子は放っておいても育つもの。若者だって、必ずしも与えられたものによってのみ学習するわけではありません。友人との何気ない会話やテレビや漫画といった娯楽からも学んでいます。専門的には、「無意図的教育」と呼ばれるものです。大人が与えることに躍起になる必要は無いのです。

意図的に計画された与える教育は逆効果のこともあります。特に与え過ぎが危険なのは「評価」です。評価漬けにされると人は防衛的になり、萎縮します。正解志向や忖度が横行するわけです。自分の好奇心より他人の評価。実験に没頭するどころではありません。

自己効力感も自己肯定感も、他者からの評価ではなく自己評価。他者からの評価に過敏になり過ぎると、2つの感覚が養われません。だから、「嫌われる勇気」が肝要なのです。

評価をし過ぎないこと。カウンセリング分野では「非評価」と呼ばれる技法です。それは、1から10まで教えるティーチングとは真逆の教育手法、ファシリテーションで重視される概念です。

会議の司会進行役のことをファシリテーターと呼んだりしますが、良い司会者は発言者の意見に良い悪いという評価を下しません。評価は人を防衛的にし、更なる意見の表明を妨げるからです。ファシリテーターとは促す人。その役割は議論を盛り上げ、より良いアイデアや意思決定に導くことです。決められた正解への誘導ではなく、未知なる正解への後押しです。

そのためには、「こんな発言をしても大丈夫だろうか」と萎縮する個人を解放する必要があります。これは、家庭でも学校でも会社でも同様です。

「非評価」は何も新しい概念ではありません。山本五十六の人材育成論「やってみせ」を好む教育関係者は少なくありませんが、よくみると、非評価の重要性を物語っています。

「やってみせ、言って聞かせて、させてみせ、ほめてやらねば、人は動かじ。話し合い、耳を傾け、承認し、任せてやらねば、人は育たず。やっている、姿を感謝で見守って、信頼せねば、人は実らず」

このなかで、良し悪しの評価を下しているのは「ほめ」ることと「承認」することの2つのみ。評価し過ぎず、若者たちの実験を温かく見守ることが、大人には求められます。

「かわいい子には旅をさせよ」とは、厳しい試練によって彼らが成長するという側面もあるでしょうが、評価の魔の手から逃れられる利点もあります。旅の非評価性は重要なファクターです。

小さな成功体験に必要な実験。実験とは試すということ。試せるということは、失敗を気にしなくていいということ。

数々の失敗を意に介さなかったエジソン。父や校長先生にも見放されていた彼を支えたのは母でした。校長先生と激論の末に自分の手で息子を育てる決心をし、好奇心旺盛な息子に家庭でできる科学実験の本を与えました。エジソンの実験的精神を見守り、好奇心に蓋をしなかったのです。エジソンの母は「親馬鹿」ではあっても「馬鹿な親」ではありませんでした(『大人のための偉人伝』新潮社)。彼女が行ったのは、積極的関与ではなく積極的非関与。つまり、非評価の姿勢で息子の実験を温かく見守ったのです。

だからこそ、学校教育が十数年掛けても成し遂げられていないこと、すなわち生涯学び続ける自立自走の力の育成に成功しました。

「褒める・叱る」だけが教育法だと考えられがちですが、それらはいずれも「評価」を与える方法です。与える教育もあれば与えない教育もある。評価する以外にも教育法は存在するのです。

非評価とは何もしないわけではありません。非評価とは無償の愛。できるか否かにかかわらず相手を全受容することです。それが、結果的に本人にも伝播し、できてもできなくとも自分の存在を認められる感覚、すなわち自己肯定感に繋がるのです。

エジソンのような天才でなくとも、若者たちは小さな成功を体験しています。それはどんなときかというと、「遊び」です。そこには大人という評価者がいませんから、正解志向や忖度とは無縁の世界。「自ら考える力」を奪われる危険がありません。できない段階で評価を下されることがありませんから、できるまで実験を繰り返せる。できるまでやると、結果的に「やればできる」という自己効力感が高まります。

大人だって同じです。研究現場でも会社でも、新たなアイデアには実験が欠かせません。しかし、短期志向で費用対効果を求められ過ぎると萎縮し、防衛的になり、失敗が怖くなります。結果、「やればできる」の自己効力感は高まらず、無難で非挑戦的なアイデアしか出てきません。

どこへ行っても評価されていると感じるとき、人は実験なんてできないのです。小さな成功体験を得られるはずの実験なのに、実験途中の小さな失敗体験を咎められては、多様な個性が育まれるはずがありません。それが躾や教育だと言うならば、いまの教育はただの監視と同義でしょう。夢を持てない若者だって貴重な社会の形成者です。夢を持てないからと社会から排除する迫害は百害あって一利無しです。

大人にできる支援は「批評家」になることではなく「非評価」です。若者たちが何かに熱中しているとき、それが何の実験なのか、大人には分かりません。ひょっとすると、彼らは何らかの認知的不協和を抱えていて、それを解消しようとしている最中かもしれません。それは、外見だけでは判断できないのです。

ですから、大人にできることは黙っていてあげること。評価しないこと。若者たちの「小さなチャレンジ」を見守ることです。

どこが「チャレンジ」かというと、若者たちが往々にして大人の許可を得ずに実験している点が、挑戦なのです。ですから、「小さな」実験を見つけても、安易に良し悪しをコメントせず、踏み付けて芽を摘まないよう細心の注意が必要です。

アイデアに価値があるかどうかは、実験でしか確かめられません。承諾プロセスをショートカットできるか。これが、小さなチャレンジです。そして、その挑戦を非評価の姿勢で見守ることができるか。狭量に陥らず、寛大で器の広い人間でいられるか。これが、大人の仕事です。

学校での良い子は往々にして許可を取りたがります。手続きがきちんとしています。ただし、それは責任転嫁でもある。失敗したときにお墨付きを与えた人のせいにできるからです。

誤解を恐れずに申し上げれば、「小さなチャレンジ」という観点では、学校教育で排除されがちなヤンキーやギャルの方が、前述の竹内先生の言う「ビジョンなきただの戦術ゲーム人間」より分があります。舗装された道でないと歩けないお行儀の良い学業優等生と違い、日々何事かにチャレンジしているやんちゃな彼らは、小さな成功体験を得やすいのです。

彼らが大人に物怖じせず自信満々なのは、自己効力感や自己肯定感を高めているからです。本田宗一郎が「私は、世間でいう『悪い子』に期待している」と語った理由がここにあります（『本田宗一郎 夢を力に』日本経済新聞社）。学校での良い子と社会での良い子は違うのです。

社会での良い子は自分の頭で考え、行動する。実験を重ね、失敗を体験する度に学習し、都度軌道修正しながら、ついには成功体験を手にする。そんなアジャイルな加算型の若者は、変化する世の中においてもサバイバル力が高いでしょう。

自己分析やキャリア・プランニングも結構ですが、実験に踏み出さない限り、分析や計画だけではいつまで経っても小さな成功体験を得られません。つまり、自己効力感も自己肯定感も高まらないのです。自信を持った足取りでなければ、後から振り返って意味を付加できるだけの足跡《キャリア》にはなりません。

夢を持たずに生きていくには、大いに失敗させ、小さな成功体験を積ませること。そのためには、評価と無縁の実験場や遊び場が必要です。

インターネットなどバーチャル空間を含めて身辺が「評価される場」で埋め尽くされつつある昨今。夢を持てない若者たちが監視社会を生き抜き、多様な才能を開花させるには、画一的に評価されない時間と空間の確保が急務なのです。


ここまで、夢を持たない生き方と、そのために大人ができることについてみてきました。リベラル化・リスク化する世の中において、社会が変化するのに変わらぬ夢にいつまでも縋る計画的な逆算型人生は脆弱なように思えます。

ただし、一度決めた夢が修正できないわけではありません。キャリア理論が導き出したひとつの知見は、「夢は修正できる」という考え方です。「良い偶然が起きるような計画的行動」を推奨する計画的偶発性理論は、「望ましいキャリア・ビジョン」に向けて可能性を広げる継続的行動を説きます。行動をやめなければ様々な「良い偶然」に遭遇するはずですから、当初のビジョンに固執せず、その時々で軌道修正すればいいのです。

ところで、最初の「望ましいキャリア・ビジョン」はどうやって決めるのでしょうか。若者たちが疑問に思うのは、夢が修正していいものだとしても、最初の夢をどうやって持つのか、という点です。夢が決定していなければ修正などできません。

若者たちは、「夢を持て」とだけ言われて持ち方のレクチャーを受けていません。夢の持ち方は、『夢をかなえるゾウ』（飛鳥新社）のもうひとつの空白地帯でもあります。

同書の主人公は三日坊主ではありますが、どうしても自分を変えたいという確固たる「夢」を持っていました。だからこそ、成功に導く神・ガネーシャの課題を何とかクリアしようとチャレンジを重ねられたのです。

では、彼は一体どのようにして夢を持ったのでしょうか。実際の若者たちに話を聞くと、そもそも「変わりたい」という思いなど持ち合わせていなかったり、「夢なんて無い」と言う若者が実に多いのです。『家なき子』は「同情するなら金をくれ！」でしたが、「夢無き子」は「強要するなら夢をくれ！」といったところでしょうか。「夢を叶えるぞ」の前に「夢を持つぞ」が無ければ話になりません。叶える対象の夢が不在では「さあ、叶えるぞ」と走り出せないのです。

「夢を持て」という社会通念化した命題《テーゼ》へのアンチテーゼに紙幅を割いてきましたが、夢を持つ生き方を排除したいわけではありません。夢がある生き方も無い生き方も共存共栄できるはずですから、夢を持つ生き方も尊重します。

実際に、若者たちに対して「夢を持てるなら持ってほしい」と願う方はおられるでしょう。方法が無いわけではありません。

キャリア理論は「夢がどのようにして生じるか」というメカニズムについてもヒントを提供してくれます。折角、夢についての本ですから、終章では「夢のある話」として、夢の出自について御紹介しておきましょう。

第五章　それでも夢を持たせたいならば

近くを見よという逆説

「夢降ってこないかなー」とはある高校生のぼやきですが、人生は配られたカードといまの手札でやるしかありません。残念ながら、夢がどこからともなく降ってくることは無いでしょう。

では、夢が誕生するメカニズムは解明されていないのでしょうか。睡眠中の「見る」夢であれば、脳科学や心理学などの分野で研究が進められてきました。しかし、覚醒中の「持つ」夢について、それがどのように生じるかのコンセンサスは得られていません。20世紀以後という比較的最近に登場した持ち物としての夢は、文部科学省でさえ科学できないほど人工的に生み出すことが難しいアイテムです。

ただし、ヒントはあります。社会人向けですが、「キャリア・アンカー理論」という考え方があります。心理学者のエドガー・シャイン氏はアメリカ陸軍の研究所で捕虜の洗脳について研究していました。その後、ビジネスの現場でも同様の研究を試み「個人がどのように組織に染まっていくのか」を調査しました。

すると、分かったのは「個人は決して組織に染まりきらない」という意外な事実。個人が組織からの影響を受けても決して失われないものを「キャリア・アンカー」と名付けたのです。アンカーとは「錨」。人生という航海をするなかで揺るぎ無いものを錨に喩えました。

具体的には、「自覚された才能・能力」「自覚された動機・欲求」「自覚された態度・価値」の3つの成分がブレンドされたものを指すとされています。すべてに「自覚」が含まれているように、客観的な診断結果などではなく、主観的な自己イメージがキャリア・アンカーです。

では、その揺るぎ無い錨はどうやって自覚できるのでしょうか。シャイン氏は、次の3つの問いが自分のキャリアの拠り所を探る出発点であるとしています。

①自分は一体何が得意か
②自分は本当のところ何をやりたいのか
③何をやっている自分に意味や価値が感じられるのか

ビジネス界では、①をCAN（できること）、②をWILL（やりたいこと）、③をMUST（すべきこと）と簡略化して、まず③MUST（すべきこと）を実行し、①CAN

とがあります。

（できること）が増えれば、自ずと②ＷＩＬＬ（やりたいこと）が生じる、と提言されるこ

シャイン氏のオリジナルの理論を加工したことで変異した部分もあるでしょう。特に③についてては、翻訳の正しさに些か疑問が残りますが、影響力のある経営者や経済人たちがこのキャッチーなフレーズを活用してきたこともあり、見聞きしたことのあるビジネスパーソンの方も少なくないはずです。シャイン氏自身も、①②③の交わり自体には注目しています。

たとえば、期せずして英語を使う仕事に就き（③ＭＵＳＴ）、従事するうちに英語力が高まり（①ＣＡＮ）、海外での仕事を夢見るようになる（②ＷＩＬＬ）。こうしたケースは想像に難くありません。やればできることが増え、できることが増えればやりたいことも出てくる。一定程度の説得力がありそうです。

いまでは様々な企業の社員も念仏の如く唱える「ＭＵＳＴ・ＣＡＮ・ＷＩＬＬ」ですが、実は、何を根拠にしたフレーズかは定かではありません（『キャリアプランニングの視点〝Will,Can,Must〟は何を根拠にしたものか』法政大学オフィシャルサイト）。

明らかなことは、その辺にいる社員ではなくシャイン氏の考え方をベースにはしている

ものの、本人の言葉ではないということ。引用ではなく援用なのです。そして、社会人を基礎に構築した理論ですから、いくら良薬だとしても、若者向けに転用する際には用法・用量に注意が必要です。

それでも、いまここでのメインテーマは「夢の生成メカニズム」です。夢の出自に迫れるのであれば、オリジナルと違うからと四角四面に目くじらを立てること無く、援用に寛容な態度で、良いものは貪欲に取り入れるカジュアルな考え方を採用したいと思います。

実は、若者たちのあいだでも、実際に「MUST・CAN・WILL」を体現している例が確認できています。たとえば、「私はいままで特に夢を持っていなかったのですが、とりあえず出された課題は完璧にこなすというふうに過ごしていたら、いま現在、心からやりたいと思うことが見つかった」と、ある高校生は教えてくれました。

シャイン氏自身は②の「自分は本当のところ何をやりたいのか」について、特定の職業ではなく本質的な欲求を指すとしています。彼の言う本質的な欲求とは、スペシャリスト志向かゼネラリスト志向かといった仕事領域に関する欲求や、挑戦志向か安定志向かといった仕事姿勢に関する欲求や、自分で仕事のやり方を自由度高く決めたいといった仕事方法に関する欲求などを指します。

したがって、たとえば「自転車に乗る（MUST）→少しずつ乗れるようになる（CAN）→ロードレーサーになりたい（WILL）」というような転用は誤用に当たるでしょう。

しかし、仕事経験という元手あっての理論。仕事未経験者の若者たちはその元手を持ち合わせておらず、夢に繋がる道筋が断たれています。他に若者たち向けの有効な理論や研究があるわけではありませんので、類似現象から推定するアナロジカル・シンキングは議論を一歩進めるうえで役に立つでしょう。

「MUST・CAN・WILL」の考え方に基づけば、夢を生ずるには「近くを見よ」ということが言えます。

夢はいまここには無い遠くのものですから、つい遠くを凝視しがちです。将来の自分を思い浮かべて10年後を描くとか、消滅するかもしれないのにいまの世の中の職業のことを調べキャリア・プランニングを制作するとか。これらは正に「遠くを見る」ことで夢ににじり寄らんとする方法です。

ですが、それでは夢は見出せない。「夢は何だろう」と夢探しをしている時点で、夢など無いのです。「どうしても成し遂げたい事柄」がその辺りの石ころのように転がっているはずがありません。逆説的ですが、遠くにある夢は近くを見ることで初めて姿を現します。目前の課題から逃げずに対峙し、できることが増えれば、自ずとやってみたいことは増えるからです。

自宅でつくりたい夕飯が思い浮かばないとき、私たちは冷蔵庫にある食材をチェックしてスーパーに行きます。そうすれば、半強制的につくりたいものを見出せるからです。何かを成し遂げたいという意志は、心の問題ではありますが、意志を起動するには行動してみること。つまり、夢（WILL）は体（MUST）がトリガーなのです。

これまでに御紹介してきた数々の偉人たちも、目の前の些細な、けれども本人にとっては切実且つ重大な問題の解決に力を尽くすことで、解きたいテーマが事後的に立ち現れていました。二宮金次郎の「積小為大」です。彼らは夢を求めたのではなく、目の前の問題を解こうとしただけなのです。近くしか見えていないという意味では、「近視」の状態にあったと言えます。

「近視」などと言うと響きが悪いように聞こえるかもしれませんが、実は合理的です。今日1m進んだ場合、100mも先を見ている人と10m先しか見ていない人では、同じ1mでも成長実感に10倍の差が生じます。遠くを見過ぎると、どうしてもいまの自分は見窄らしく感じてしまうものです。

夢が生じるメカニズムは、スポーツの世界で重視される「心・技・体」とも言い換えられます。体を使って練習やトレーニングに励めば（MUST）、技術が向上し（CAN）、やりたい技が出てくる（WILL）。プロ野球選手を夢見て見事に実現させる少年が、バットやボールを触ったことも無い頃からプロ野球選手を目指していた可能性は高くありません。

保護者の方がボールを買ってきて投げてみたり、野球チームの練習に連れていってもらったり、そうした身体活動（MUST）が先にあったはずです。

民間企業で数々の新規事業を手掛け、東京都初の中学校民間人校長なども務めた教育改革実践家の藤原和博氏は、「技術の裏付けのない夢は幻想にすぎない」と語っています（トークイベント『藤原和博氏、トライセクター・リーダーを語る』トライセクター・リーダー渋谷Lab実行委員会2016年2月22日）。

たとえば大学生のあいだで就職活動時期に大流行する自分さがしや自己分析といった自

分自身の凝視。強引に形成した夢は偽りの想像力に根差しており幻想に終始します。自分以外の何かに没頭し、それについての技術力が高まってから夢は生じるのです。「無我夢中」と言うように、自分の存在を忘れるほど何かに夢中になるのが先です。

逆に言えば、特にやりたいことでなくとも、できること（CAN）が増えれば、自ずとやりたいこと（WILL）は出てきます。自転車に乗れるようになれば、マウンテンバイクが欲しいとか友達とツーリングに行きたいといった欲求は自然に生じます。

ですから、やりたいことが無いと悩む若者には、その真偽はともかく、「やりたい事柄が無くとも、やりたい方法はあるだろう」と、CANを拡大する支援方法もあります。

このように、「MUST・CAN・WILL」のように順序立てて生じる夢を「段階型メカニズム」と呼ぶことにしましょう。しかし、夢が生じるプロセスはこれだけではありません。突如として「何かをしてみたい」という衝撃的な夢との出合いもあります。たとえば野球経験が全く無くとも、テレビでかっこいい野球選手を見て「プロ野球選手になりたい」と憧れることだってあります。

この場合、視覚・聴覚こそ活動しているものの、野球に関する身体活動（MUST）を行っているわけではないため、野球選手としての技術（CAN）は増大していません。こうした非連続的に生じる一目惚れのような夢を「突発型メカニズム」と名付けておきましょう。

仕事未経験者の若者たちと接していると、突発的に夢を持ったケースにもしばしば遭遇します。たとえば、東北地方から関東へ家族で越してきたある高校生は、「3・11で看護師になる夢を決めた」と語ってくれました。

聞けば、2011年3月11日に発生した東日本大震災で甚大な被害に遭い、その際に一時避難していた学校の体育館で、周囲の人々の命のために力を尽くす看護師の働きぶりを目の当たりにしたそうです。自分の生活すらままならないときに、自分ではなく他人のために身を捧げる。誰もがうつむくその状況において、看護師の方の表情からは充実感や喜びすら感じられたといいます。ボランティアにもかかわらず、です。

この「緊急事態」に衝撃を受け、「自分もこんな人になりたい」と思ったそうです。「3・10」まで夢など無かったと語る彼女を、私たちは責められたでしょうか。そして、仮に「3・10」まで夢を持てと彼女に強要していた場合、この偶発的な事態によって夢を持てた途端に「素晴らしい」と掌を返せるでしょうか。

彼女だけではありません。2008年から2020年までの新成人アンケートで「将来の夢がある」と回答したのは2012年が過去最高の64・8%。奇しくも「3・11」の直後の若者たちでした（『新成人に関する調査』株式会社マクロミル）。

もちろん、甚大な被害をもたらした自然災害が夢をもたらしがちである、などと述べたいわけではありません。しかし、少なくとも、下を向いてしまいそうな状況でも、若者たちは上を向き夢を持つことができる、ということは言えるでしょう。夢は華やかなユートピアにだけ咲く花ではないのです。

やるべきことから始め、ホップ・ステップ・ジャンプで夢が生じる段階型か、強烈な原体験によって「MUST」や「CAN」をショートカットする突発型か。どちらも、夢は近くを見ることで生じます。遠い将来の妄想に時間を空費するくらいなら、血相を変えてでもいまこの瞬間を一所懸命に生きてみる。そうすれば、夢に出合える確率は高まるでしょう。気付かぬうちに心のなかに宿願が育まれている。「夢は宿るもの」だということです。

「宿る」と言うと、涼しげなイメージを持たれるかもしれませんが、そうではありません。

我を忘れてのめり込んでしまう。何か熱中できるものは無いだろうかとキョロキョロする暇も無く、気付いたら熱中していた。熱中せざるを得なかった。夢を持つ若者たちと接すると、そうした熱に浮かされた状態を感じます。それは、自分ではどうにもできないアンコントローラブルな状態です。

「夢が宿る」という現象は初恋に近いかもしれません。「恋に落ちる」という表現がありますが、初恋の場合は特に、恋は自らの意志で始めるものではなく無意識的に落ちるものです。恋をしたことが無いのに、求める恋人の条件を設定し、しらみつぶしにお目当ての異性を探し尽くす。そんな芸当は不可能です。自分が暮らすコミュニティにいる限られた人と知り合い、時間を共にし、ふと気付いたら好きになっている。結果、こういう人が自分は好きだったのかと事後的に自覚する。これが、段階型の初恋です。この場合、熱中する相手を先に決めるわけではありません、熱中するのが先です。

一方で、出会った瞬間に恋に落ちてしまう場合もあるでしょう。それが、突発型の初恋。すなわち一目惚れです。

「恋に落ちる」は英語で「fall in love」。恋人が降ってくるのではありません。自分自身が相手に落ちるのです。「fall in」には「落ちる」以外に「めり込む」という意味があります。めり込むということは抜けないということです。何かにのめり込むと、そこから抜けられなくなる。ある意味で依存症の状態。恋も夢も、相手に振り回される可能性があります。何かに夢中になるということはそういうことです。そして、そんな対象を持てと若者たちに言い続けているのが私たち大人です。

夢は非現実的な事柄ではありますが、非日常を夢見るだけでは手に入りません。近くを見ること。つまり、日常に目をやり、日々を一所懸命に生きることで初めて夢が宿る。突発型の夢だとしても、自ら動かなければそんな偶然は起きません。ですから、非現実的な夢は非日常ではなく日常に宿るのです。

宿るということは、夢は授かり物だということです。何かに熱中し、夢中になると結果的にでき上がっている。夢の発明が先ではなく、必要に駆られるのが先。正に、「必要は発明の母」というわけです。

並外れた発明家であった本田宗一郎は、発明とは「せっぱつまった、苦しまぎれの知恵」だと形容し（『本田宗一郎 夢を力に』日本経済新聞社）、「何か発明しようと思って発明する馬鹿がいたらお目にかかりたい。自分が困ったときに、それを解決するために知恵を出すのが発明と言って差し支えない」と述べています（『定本 本田宗一郎伝』三樹書房）。

「夢を持て」とは、言い換えれば「夢を発明せよ」ということ。持とうと思って持つものが夢ではなく、悪戦苦闘の日々を過ごすなかで気付いたら宿っているのが夢なのです。

したがって、夢はどこにも売っていません。姿形が他人の夢と似ていても、ファストフードのように決められたメニューから選ぶような既製品ではなく、一人ひとり、持つに至る経緯もその意味や価値も異なる注文品《オーダー・メイド》。そもそも量産には不向きな代物です。

では、夢が宿るものだとすれば、私たち大人は指を咥えて待っておくしか無いのでしょうか。夢が若者たちに宿るために、何の働き掛けもできないのでしょうか。

夢は宿るもの

キャリア理論では、不確実な社会を生き抜くためには不確実性を歓迎する「積極的不確実性」の姿勢が重要であり、不確実性を楽しむためには「夢を持つことだ」とされています（『キャリアの心理学』ナカニシヤ出版）。

社会が揺れ動く不確実な時代を生き抜くには、個人のなかでぶれない確実な何かが必要と考えた。それが、「夢」でした。「丸いクギは丸い穴に」という適材適所を唱えたのが特性因子理論でしたが、最早どんな形のクギが必要か読めない時代に突入したのです。

夢が未来を創造する原動力になるという考え方は既に1990年頃に登場しましたが、肝心の夢をどうすれば創造できるかは俎上に載りませんでした。「夢見ることを忘れずに」とだけ告げられ、夢の下拵えは本人任せにされてきたのです。

結果、人々のキャリア選択は、依然として、ある程度明らかな実現性に立脚した左脳的意思決定が重視されています。「いまの偏差値ならあの大学に行けそう」だとか、「自分の大学のレベルならあの企業に入れそう」といった具合に。

夢が求められる一方で、実現性が不確実な夢に基づく右脳的意思決定はしばしば無謀だと嘲笑されてしまいます。「慶應に行きたい」と決意しても周りに本気にされなかった「ビリギャル」のように。

無謀な冒険よりも安全なツアー旅行を選ぶように、人々の人生選択はロマンティックな意思決定よりもリアリスティックな意思決定が重視されている。未だに夢のレシピは開発されていないのです。

そこで、前節ではシャイン氏の理論を援用して、突発型と段階型の2つのメカニズムを帰納的に導出しました。それぞれについて、私たちに支援できることを考えてみましょう。

まず、突発型の夢に対して支援できることはほとんどありません。なぜなら、3・11で看護師を目指した高校生のように、突発型の夢は強烈な原体験が引き金となり生じるからです。衝撃的な原体験は狙って演出できるものではありません。職場体験やインターンシップなどの疑似体験をもって「これを原体験に夢を描け！」とは言えないのです。

私たち大人にできることは、段階型の夢に対する支援です。「MUST・CAN・WILL」の考え方に基づけば、段階型の夢のスタートは「MUST」です。キャリア・アドバイザーは、しばしば「やりたいこと」（WILL）が無いなら「得意なこと」（CAN）は何か無いかと聞きがちです。制限期間内に実績を上げるためにはそう聞くのが得策なわけですが、そもそも「MUST」が少ない場合、「CAN」などあるはずがありません。

きっと「それは自分たちの仕事ではない」と言うでしょう。大学の責任であり、高校の責任であり、行き着くところは家庭の責任だと言うでしょう。でも、キャリアの専門家は匙を投げられても、若者たちは自分のキャリアを投げ出せません。人生の運転席から降りるわけにはいかないのです。段階型の夢の発生確率を上げたいのであれば、「MUST」はマスト《必須》です。

「MUST」と言うと、「やらねばならないこと」というイメージの強い単語ですが、シャイン氏の元来の考え方は少し意味合いが異なります。

同氏の3つの問いを思い出してみましょう。彼は、キャリア・アンカーを自覚するための最後の問いを「何をやっている自分に意味や価値が感じられるのか」と表現していました。一般的に、意味や価値を感じやすい事柄は、誰かに「やれ」と指示・命令されたことではなく自分自身で「やる」と意思決定したことです。

したがって、「MUST」とは他人から強制された「やらねばならないこと」ではありません。この点、課題を与えることが常の学校教育はそもそも夢と相性が良くありません。たとえば職場体験やインターンシップといった疑似体験は、往々にして先生や保護者や周囲に煽られた半強制的な取組です。

夢を持つ若者たちに話を聞いてみると、「MUST」とは寧ろ、「せずにはいられない何か」であることがほとんどです。2015年、芥川賞に輝いたお笑い芸人の又吉直樹さんは、「ものを書く動機」について、「将来、それでご飯を食べようじゃなく、書かずにいられないということだった」と語っています(『日刊スポーツ』2019年10月10日)。
ある学生が大学入学後にネイリストを夢見たのは、気付けば毎日何時間もネイルの情報収集をし、気付けばネイルサロンでは顧客なのにプロのネイリストの技術を研究し、気付けば友達に進んでネイルを施している。そんな自分がいたからでした。暇さえあればネイルのことを考え行動せずにいられない。そんな自分に事後的に気付いたのです。
エジソンにしても、校長や父親に見放され、発明家を目指すくらいしか道が無かった。彼にとって発明家を目指すことは、「せずにはいられないこと」だったと言えるでしょう。

夢を持たせたいのであれば、若者たちが「せずにはいられないこと」を妨害しないこと、すなわち「非妨害」です。どんな「MUST」が「WILL」に化けるのか。これは本人を含めて誰も知り得ません。夢は「得体の知れないもの」です。掴まえ所が無く得体が知れないのに、それを生み出すための必要十分条件は割り出せません。私たちにできることは、若者たちの好奇心を妨害しないことくらいなのです。

「非妨害」なんて簡単だと思われるかもしれませんが、私たちは知らず識らずのうちに若者たちの「せずにはいられない」を妨害しています。

たとえば私が1年間の育児休業を取得した際、最も頻繁に耳にした単語は「ダメ」でした。公園でも、電車でも、ショッピングセンターでも、ママやパパは幼子に「ダメダメ攻撃」をしてしまいます。自宅でさえも、です。

妨害の被害者は幼子だけではありません。学校の授業で生徒たちが毎時間先生を質問攻めにしたら、文部科学省が定める教育課程は完了できません。生徒たちは、「君たちの興味・関心を重視する」と言われながら、実際には疑問や質問に蓋をするしか無いのです。子どものための学校ではなく、学校のための子ども、というわけです。

大学生も同様です。就職活動を控えた学生に履歴書の代筆までしてあげる親切なキャリア・アドバイザーや民間業者も、単位《クレジット》で釣って講義や行事に出席させ満員御礼だと偽るインチキ大学教員も、折角のやる気や学ぼうという気概を白けさせます。結果、単位は与えられても信用《クレジット》は失っているのです。

巨人の親切が小人を破滅させるわけですから、過度な援助は体のいい虐待です。良かれと思っての善意でも、発達の妨げになる援助は有難迷惑です。

このように、活動的であろうとする若者たちの試みは、悉《ことごと》く妨害されています。そのなかで夢を持つには、言われたこと以上をやるか、言われたこと以外をやるか。いずれにしても、ちょっぴりクレイジーな「はみ出し者」でないといけません。

しかしながら、社会の側に、「せずにはいられない」と衝動的に活動するイレギュラーを許容し、活かす準備はできていません。第三章で御紹介した竹内先生の言う「トーナメント型人生モデル」の社会では夢が「蒸発」・「解体」される運命にあるからです。場合によっては問題児や危険分子と見做されます。

好きに遊びたい子ども。本当は質問したい生徒。真面目に学びたい大学生。彼らが持つ「せずにはいられない」という夢の芽は、大人の都合で早々にもぎ取られています。若者たちはあくまで管理の対象であって、前途有望な存在としては想定されていないのです。

教育関係者で師事する方が多い哲学者のジョン・デューイが述べた「世界は子どもを忘れている」という言葉を、教育関係者自身が忘れているのかもしれません。

子どもの活動の原動力のほとんどは衝動です。整備された大人の世界では衝動的活動は歓迎されません。だから、「ダメダメ攻撃」が横行してしまいます。

このことに違和感を持った医師がいました。「子どもは心身の活動に対する本質的な熱望が妨害されており、いつも抑圧されているという苦悩を経験している」。彼女は子どもの衝動的活動を妨害しないために、大人が「ダメダメ攻撃」をしなくて済む時空間が必要だと考えました。そうして子どものために一から拵えられた生活環境が、医師マリア・モンテッソーリの「子どもの家」です(『モンテッソーリの教育』あすなろ書房)。

「子どもに手を洗うよう望むなら、彼の背丈にあったものを用意しなければなりません」というように、子どもが使う教具や遊具などの一切合切が大人用の使い回しではなく子ども専用であるそのわけは、彼らの衝動的活動を妨害しないことが基本方針だからです。

経営学者のピーター・ドラッカー氏に元アメリカ大統領のバラク・オバマ氏。Microsoft、Wikipedia、Google、Amazon、Facebookといった革新的企業を創業したファウンダーたち。そして、14歳でプロ将棋棋士となった藤井聡太氏。

モンテッソーリ教育を受けた彼らが、圧倒的な集中力でイマジネーション溢れる仕事を成し遂げるに至ったのは、衝動に対する「非妨害」の教育と無縁ではないでしょう。

彼らは「はみ出し者」だったかもしれません。しかしながら、彼らはルールを破ったわけではありません。ルールのなかで常識を打ち破っただけです。

「父兄は子弟に独立を教え、教師は生徒に独立を勧め、（中略）人を束縛して独り心配を求むるより、人を放ちて共に苦楽を与にするに若かざるなり」とは、モンテッソーリと同時代を生きた日本人・福沢諭吉の言葉です（『学問のすゝめ』岩波書店）。彼もまた、「非妨害」の重要性を説きました。妨害せずに保護するからこそ、保護者なのです。

若者たちの好奇心の火蓋にならないこと。彼らの「せずにはいられない」ことを見極め、それを妨害しないこと。これが、私たちにできる僅かな、けれども若者たちにとっては貴重な支援です。求められているのは、発達を援助するような手助けであって、発達を阻害するような手出しではありません。

自分の子どもや生徒や学生や部下に夢が無いと嘆く方は少なくないでしょう。しかし、「せずにはいられない」ことであれば、多くの個人が持ち合わせています。

「せずにはいられない」ということは、疼くということです。脇目も振らずひとつのことに集中する首尾一貫した生き方は窮屈で退屈そうなものですが、そんなことは関係無く脈打つ。ひとつのことに没頭するということは他のチャンスを見落とすことになりかねませんが、そんなことはお構い無しに衝動に駆られる。これが、疼くということです。

若者たちが何かに取り憑かれたように突き動かされていないか。自然と吸い寄せられることや無意識のうちに釘付けになっていることは無いか。心を奪われていることは無いか。指示したわけでもないのに、できない理由よりもできる方法をつい考えていることは無いか。他人の評価などお構い無しに人知れずやりがちなことは無いか。彼らが見て見ぬふりできないことは無いか。これらを観察してみてください。

気付けば熱狂的に没頭している何か。頼んでもいないのに熱中している何か。それが、「せずにはいられない」という「MUST」です。我を忘れ、時間も忘れるほどの没我状態。逆説的ですが、「自分の夢は何だろう」などと夢のことなど考える暇も無いくらい夢中になっていることに、夢の種が蒔かれているのです。

では、子どもがゲームや漫画に没頭していても何も言わなくていいのか。ええ、そうです。熱中の対象によっては許せないというのなら、厳しいようですが夢は求めないことです。何が夢に化けるかは誰も事前には知り得ません。したがって、熱中対象を限定するということは夢の生成確率を下げるということです。夢を持ってほしいならば、若者たちの衝動に賭けるしか無いのです。

「体を壊したらどうするんだ！」。もちろん健康を害するほどやり込むことは歓迎できません。しかし、前提として確認しておかねばならないことは、夢とはある意味で病的な中毒性を伴うということです。

傍から見れば「あいつは狂っているんじゃないか」と見える。それが夢の正常な状態です。他人から見れば異常なほどのこだわりが、本人にとっては通常状態。

放っておいても四六時中そのことを考えてしまう。周りが見えず視野狭窄に陥ってしまう。夢中になり寝食を忘れて打ち込んでしまう。だから夢になるのです。

「寝食を忘れる」ことが夢にとって重要なのは、何も時間的長さだけが理由ではありません。人間の基本的欲求として、「せずにはいられない」はずの睡眠と食事。それらを超越するほどの「せずにはいられない」事柄だからこそ、「寝食を忘れる」か否かが夢のバロメーターになるのです。

したがって、「そろそろ御飯にしなさい」や「もう寝なさい」は禁句。熱に浮かされた夢中状態にそんな冷静な余裕はありません。他を犠牲にしてでも成し遂げたいことが夢だからです。

「そんなことをして将来食っていけるのか」もタブーです。将来食えるかどうかなど二の次。居ても立っても居られず、ふと気付けば夢の引力に吸い寄せられている。夢追い人はある意味で平衡を欠いた異端児だからです。

「せずにはいられない」ということは、性質上本能に近いもの。幼子のハイハイや掴まり立ちといった本能的衝動を遮ると発達が阻害されてしまうように、彼らの衝動を妨害すれば、夢の芽は摘まれてしまいます。

「せずにはいられない」事柄があれば話は早いが、いくら探しても見つからない。それどころか、あいつは何も行動しない。けしからん。そういったケースもあるでしょう。色んな機会を提供し、経験もさせた。金銭的な支援もしてきた。沢山のきっかけを与えてきたのに、「猫に小判」である、と。

この場合、きっかけをいくら与えても効果は薄いでしょう。というのも、「夢は必需品」という思考回路の相手に、「偶然のチャンスのために四の五の言わず努力せよ」という論法は通用しないからです。

まず手を施すべきは、認知に修正を加えること。「猫に小判」だと手を拱《こまね》いていないで猫を教育すること。具体的には、「行動することは損じゃない」という思考回路に切り替えることです。きっかけの提供はその後で十分です。

この点は、キャリアの専門家も過ちを犯しがちです。複雑な社会を生き抜くために、天気などの予測困難な現象を扱う「カオス理論」という数学理論が注目されています。これを人のキャリアにも応用したのが「キャリア・カオス理論」という考え方です。人のキャリアも、様々な出来事や人間関係から多種多様な影響を受ける複雑系です。

この理論では、「ブラジルで1匹の蝶が羽ばたくと、テキサスで竜巻が起こる」というバタフライ効果のように、人のキャリアもちょっとしたきっかけや小さなアクションが後の大きなライフイベントに影響を与える。誤差が大差になる。だから、小さいことでも行動せよ。こう説きます。全くの正論です。

しかし、若者たちは正論では動きません。なぜなら、認知が修正されていないからです。「夢が無いと動けない」という公式の持ち主に、「まずやってみなはれ」と言ったところで一歩踏み出せるわけがありません。

「夢は修正していいのだから良い偶然のためにいま行動せよ」と説く計画的偶発性理論も、「誤差が大差になるからいま行動せよ」と説くキャリア・カオス理論も、ここで振り出しに戻ってしまいます。社会人向けの理論を若者たちに転用するには注意が必要なのです。

では、思考回路を切り替えるにはどうすればいいのでしょうか。一筋縄では行きませんが、前章で御紹介した「認知的不協和」を活用することで、凝り固まった思考回路を解すことが可能です。

といっても、「やる気に火を付ける」といった認知への直接的働き掛けではありません。いくら煽《おだ》てて励ましても、習慣化した考え方を無理矢理ねじ曲げることはできません。研修や講演で高まったやる気が三日坊主で終わってしまうのは、思考回路そのものが切り替わっていないからです。認知に認知でアプローチすることは得策とは言えません。

ではどうするか。認知は行動と繋がっていますから、行動面からアプローチすることで、思考回路は徐々に切り替わります。たとえば師匠が弟子に来る日も来る日もトイレ掃除をさせる場合、弟子は「この行動は一体何の役に立つのだろうか」と認知的な矛盾に陥ります。

すると、既に行った行動は無かったことにできませんから、認知を修正する力学が働きます。「そうか、トイレ掃除は自分の心を磨くことなのか」など意味づけが事後的に行われ、居心地の悪さから解放されます。神戸女学院大学名誉教授にして武道家でもある内田樹先生の言うように、「師匠は弟子の現時点での概念で理解できない事柄について弟子に言葉を尽くしては語らない」のです（『日本辺境論』新潮社）。

このように、一見無意味な事柄を行った際の認知上の矛盾は、それが拡大すればするほど、矛盾を解消したくなるエネルギーがチャージされ、結果的に「行動することは損じゃない」という認知が上書きされていきます。

翻って、いまの教育は予め「何の役に立つか」という意味を語り過ぎています。職場体験に参加すれば将来の仕事選びに役立つだとか、インターンシップに行けば内定を獲得しやすいだとか。大人が親切心から行動の意味を予め饒舌に語れば語るほど、若者たちに形成されるのは「意味が無さそうならばやらない」という消極的態度なのです。

若者たちの「興味・関心」を起点にした「役に立つ教育」を進めてきたことで、彼らは物事に「意味の先取り」を要求するようになりました。功利的に躾けられた彼らは予め提示された価値が腑に落ちなければ微動だにしない。経験によらず、頭のなかで算盤をはじくだけの過剰に思弁的な頭でっかち。そして、そんな「お客様」と化した消費者的若者のニーズに呼応するように、教育界もビジネス界も分かりやすい価値を、言葉を尽くして語っています。

メリットを語らずして若者たちを動かすことなどできるはずが無い。いえ、そんなことはありません。彼らは言語が「得体の知れないもの」であった幼少期に、言語を学ぶことのメリットなど知らずして母国語を体得しています。幼子だけではありません。

私は、大学で実施した就職活動イベントで、出展企業の社名や業界名を当日まで伏せることにしました。学生には「企業名や業界名で就職先を選ぶな」と言い、企業には「大学名でうちの学生を見ないでください」と言ってきた。「まず行動を」と推奨してきたのが教育界です。

それなのに、巷に溢れるイベントは「あの株式会社○○が出展！」や「人気の○○業界のイベント！」など子供騙し企画が席巻。大人の言行不一致に違和感を覚えていました。

当初、学内だけでなく就職情報会社の方にも集客を不安視する声がありましたが、蓋を開けてみれば参加者は在籍者の43・7％に当たる141名。すべての情報を事前開示していた前年度を20％以上上回りました。もちろん、一社一社の魅力を一から書き下ろし、インフルエンサー学生にPRするなど地道に工夫しましたが、そんなのは当たり前の話です。

それよりも、ここで確認しておきたいことは、野暮で見え透いた客寄せ目的のメリットを提示しなくとも若者たちは動くということ。先に行動さえ起こせれば、認知的不協和を解消する力学によって、「行動することは損じゃない」という思考回路に切り替わる確率は高まります。意識改革とは意識の改革ではありますが、意識で改革するものではありません。

トイレ掃除や就職活動イベントごときで夢など持てるようになるのかと訝しがられるかもしれませんが、まず「無駄なことなど何ひとつ無い」と認知し、「行動することは損じゃない」という思考回路がセットされなければ、いくらきっかけを提供しても経験値(MUST)は蓄積されず、できること(CAN)は増えません。

スタンフォード大学で1枚の絵を3時間ずっと見続ける一見無意味な講義があるのも、Googleの社員の10人に1人が実践する「マインドフルネス」やジョブズ氏によりスタイリッシュなイメージをまとった「ZEN」が心を整えるためにわざわざ瞑想や坐禅といった身体活動から入るのも、先に行動すれば行動に見合った内面が後追いで形成されるというメカニズムを利用することで認知修正が期待できるからです。

体がトリガーになるメカニズムは、脳の研究からも明らかです。脳研究者の池谷裕二先生は『単純な脳、複雑な「私」』（講談社）のなかで、「自分の行動の『意味』や『目的』を、脳は早とちりして、勘違いな理由づけをしてしまう」という「錯誤帰属」を紹介しています。

この脳の早とちり機能を逆手に取って行動を先に起こしてしまえば、「無意識の心の作用」が働くといいます。

どんな作用かというと、「一般に、自分が取った態度が感情と矛盾するとき、行動と感情が背反した不安定な状態を逃れようと」する作用です。「起こしてしまった行動自体はもう否定できない事実ですから、心の状態を変化させることでつじつまを合わせ」るしか無くなるのです。

つまり、一見無意味そうなことでも先に既成事実として行動することで、脳にわざと早とちりさせるのです。そうすれば、人は、既に行動した自分を何とか合理化しようとする。つまり、「行動することは損じゃない」と思えるというわけです。

行動による認知修正は、何も真新しい手法ではありません。どんな行いがどんな結果に結実するか分からないという「業は報を知らず」や、人の見ていないところで良いことをすれば確かな報いがあるとする「陰徳あれば陽報あり」は昔からの教えです。不確実な社会において、「Aという行動が必ずBという結果をもたらす」とするロジカルな因果関係が通用しづらくなり、代わりに「誤差が大差を生む」とする因果応報が再注目を浴びている。日本人からすれば、原点回帰です。

認知のリハビリが完了し、晴れて「行動することは損じゃない」という思考回路に切り替われば、様々なきっかけの提供がようやく効果を発揮することでしょう。ただし、注意点があります。過度な期待は持たないことです。選択肢の多さに圧倒され選び疲れや消化不良に陥る可能性があります。

習い事のパンフレットを沢山見せれば行動できるわけではなく、求人企業の情報が何万社とあるから就職活動を開始できるわけでもありません。品揃えが充実し過ぎると却って商品の購入率が下がるという研究結果さえあるほどです。

そもそも、大人が提供できるのは文字通りの「きっかけ」ではありません。私たちが「きっかけを与える」と言う場合、そのきっかけを何とか夢に繋げてほしいという過度な期待や下心が込められています。しかし、実際にそれが夢の「きっかけ」になるかどうかは、後になってみないと分かりません。

たとえば、同じ学校に通っていながら教師を夢見る生徒もいれば、教師など全く夢見ない生徒もいます。

また、同じ教師を夢見る生徒でも、夢見た経緯まで同じとは限りません。「尊敬するあの先生のようになりたい」と教師を夢見る生徒もいれば、「誰も尊敬できる先生がいないから自分こそがなってみせる」と教師を夢見る生徒もいます。両者は学校という同じ「入口」を潜り、教師になりたいという同じ「出口」に辿り着きましたが、その経路は全く別です。きっかけとは入口であり、動機とは出口までの道程。いずれも、予めデザインすることは不可能です。

このように考えると、「きっかけ」という言葉では上から目線のお節介さが拭えません。厳密には「場」や「環境」くらいに表現しておいた方が適切でしょう。予め特定の目的や方向性を持っているわけではなく、もっと中立的なもの。提供する時点では意味や価値など計り得ないものです。「これをきっかけに夢を持てるはず」と切望するのは過度な期待であり傲《おご》りです。

改めて、若者たちに夢が宿るために私たちにできることは何か。それは、「根拠無き断定」ではなく「覚悟ある支援」だと言えます。得体の知れない夢なのだから、何に役立つか分からなくとも「非妨害」の姿勢で気長に待つこと。「せずにはいられない」ことが見当たらない場合は、まず認知を修正し、きっかけを与えたのにと過度に期待しないこと。役に立つかもしれないし、立たないかもしれない。きっかけになるかもしれないし、ならないかもしれない。若者たちに夢を求めるならば、私たちには「だろう運転」ではなく「かもしれない運転」が求められています。もちろん、「煽り運転」は言語道断です。

夢はいつ生じるか分かりません。ファンが戦績不調でもチームを応援するように、夢不在でも若者たちを応援する真のサポーターでいたいものです。

実現しても終わりではない夢の続き

いざ夢を持つことができれば、後は実現に向けて力を尽くすのみです。思考は現実化するはずだと意気込み、巷に溢れる夢実現のメソッド類を活用すればいいでしょう。

そして、見事に夢が叶ったとき、それはこの上無く喜ばしいことです。それまで非現実的だと考えていたことが成就したわけですから、言葉では言い表せないほどの幸福感を味わうことができるはずです。

ただし、夢を実現したからといって人生が終わるわけではありません。「国破れて山河あり」と言いますが、夢の場合は「夢破れて日常あり」ですし、「夢叶っても日常あり」です。

特に、何かに「なる」ことを夢とする「BE型の夢」の場合は、実現後こそ本番です。数々の記録を打ち立てた元プロ野球選手のイチロー氏は、2019年の引退記者会見で小さい頃の「プロ野球選手になる」という夢が叶ったことを認めながらも、「夢は大きくとは言いますけど、なかなか難しいですよ」「一気に高みに行こうとするといまの状態とのギャップがあり過ぎて続けられない」とも同時に述べています。

夢を叶えたはずの人物が、夢を持つことを必ずしも推奨していないような意味深な発言です。

2012年にiPS細胞の研究でノーベル賞を受賞した山中伸弥先生は、整形外科医になることを夢見ていました。ところが、念願の整形外科医になった彼を待ち受けていたのは悪夢でした。手術が下手で怒られてばかりで周囲から「ジャマナカ」と呼ばれていたほどです。

別段、「だから夢は不要」だとか「夢の実現は悲劇の始まり」などと申し上げたいわけではありません。

夢は、叶えた後も続編がある。夢を叶えた後に辛酸を嘗める可能性だってある。そこまで鑑みて、私たちは若者たちに夢を迫っているのか。そんなふうに思うのです。

私自身の経験で申し上げれば、安定した楽な仕事だと思われてか、「大学職員になることが夢」と言う方を山ほど見てきました。しかし、念願の大学事務職員になれても、教員からこき使われる可能性や大学生から見下され無下に扱われる可能性だってあります。少子化でどの大学も入学者の奪い合いですから、土日はオープンキャンパス《体験入学》などのイベントだらけで休みなどほとんど無い大学だってあります。夢が叶った後に現れるのは「THE END」ではなく「TO BE CONTINUED」であり、どんな夢にも続きがあるのです。

知人のP氏はパイロットになる夢を実現させました。「小学校高学年くらいからパイロットになることが夢だった」彼は、夢を実現して「最高に幸せだった」と言うものの、一方で「夢見てるときが一番幸せだった」とも語っていました。「結局は現実世界でまた目標ができてくるわけで、結局人間は求め続けるんだよ」と。

別の知人N氏は、夢の自衛隊入隊を果たしましたが、入隊後は「不幸せ99％」だったそうです。自衛隊の仕事がつまらないなどの陳腐な理由ではありません。厳しい上下関係のもとでノンプライバシーの集団生活。「理不尽の必要性や、統制のなかに真の自由があることを理解するまでには時間が掛かった」のでした。

彼はその後教官も務めましたが、最終的には「夢の先の先の夢が叶い、目標を見失った」ため退職を決意します。

夢は尊いものですが、見ているときが最も幸せなのかもしれません。ある夢が実現すればまた次の夢が顔を出す。崖を登ればまた次の崖がある。夢はエンドレス。当たり前のことかもしれませんが、夢の実現者たちが教えてくれる確かな事実です。

大学職員やパイロットや自衛隊といった特定の職業でなくとも、私たちの身近に、夢が実現した後の試練に苦しむ事例があります。日本人に馴染み深い「偏差値」です。

「偏差値」は一中学校教師だった桑田昭三先生の夢の産物ですが、その後、意図せぬ方向へ独り歩きを始め、桑田先生は孤独に苦悩し続けました。

生徒の進学先が先生たちの経験と勘で決定されていた時代。担当していた生徒が、たった1点足りずに志望校の変更を余儀無くされた悔しい経験もあって、桑田先生は、権力的で閉鎖的な入学試験のカラクリの見える化を決意します。そうして、10万件以上ものデータを集め、試行錯誤の結果生まれたのが「偏差値」です。属人的だった指導を脱却し、進学指導を科学するという夢は見事に実現しました。

ところが、その後、偏差値は「受験生のあいだをうろついている妖怪」などと批判され、生徒を振り分け格差を浮き彫りにする道具であるかのように槍玉に挙げられてしまいます。さらに、偏差値による輪切り指導が不本意入学者増加の主因と断定され、文部大臣が「偏差値追放」を提起するまでに至りました。

しかし、そもそも桑田先生は、人や組織を一列に序列化し、それらの優劣を判断するためのバロメーターをつくろうとしたわけではありません。寧ろ、「偏差値ランキング」のように偏差値が表舞台に顔を出すことを最も嫌っていました。

なぜなら、それは「人前に、人を顔の美醜の順に一列に並べさせるようなもの」であり、「場合によっては生徒に、『あなたの将来は、精一杯がんばってもこの程度の生き方しかできないよ』と、引導を渡してしまう」ことになると考えていたからです(『よみがえれ、偏差値』ネスコ)。

こうした事例から明らかなことは、夢がもたらすのは必ずしもハッピーエンドではないということです。どこまで行っても終わりの無いオープンエンド。「線路は続くよどこまでも」と言うように、「キャリアも続くよいつまでも」というわけです。

「夢を持て」と若者たちにメッセージすることは簡単ですが、実現後のことも踏まえると、こちら側に覚悟が必要であるように感じます。無闇矢鱈に夢を求めるのは気が引けるだけでなく、あまりに無責任です。

夢と言うとどうしても華やかなイメージを想像しがちですが、私たちはもう少し夢の実現後を直視してから若者たちに夢をリクエストすべきではないでしょうか。再び、引退記者会見時のイチロー氏のコメントを引用してみましょう。

彼は、「誰かの思いを背負うというのは、それなりに重い」ことであり、「純粋に楽しいということではない」と語りました。「やりがいがあって達成感を味わうこと、満足感を味わうことはたくさんありました。じゃあ、楽しいかというとそれとは違う」というのです。

これが、学校のテキストに夢の手本として登場する世界的大スターによる、これからプロ野球選手を夢見る子どもたちも見ていたであろう記者会見での、厳重に選び取られた言葉でした。

夢を実現したからこそ見えた景色、感じた境地。誰もが到達できるわけではない高みに登ったからこそ背負った重責。イチロー氏の発言を私たちが体験的に理解することは難しいですが、若者たちに夢を求める大人が噛み締めなければならない言葉ではないでしょうか。

よりストレートに夢の実現後の逡巡について語っているのは、なでしこジャパン元主将の宮間あや氏です。2011年のFIFA女子W杯で副主将として日本代表を優勝に導いた同氏ですが、後に、「次代の人々へ無邪気に『夢をみよう』と訴えられようか。ブームのうたげの後に何が続くのかがうっすらと見えるのに、やたらとブームの火をくべる気には、なれない」と語っています（『日本経済新聞』2019年10月8日 朝刊）。

夢には続きがあります。夢を持つまでの序章が第1部ならば、実現するまでの本編が第2部、実現後の物語が第3部。つまり、夢は3部作です。

ところが、キャリア教育や大人が指導するのは第1部ばかり。若者たちの証言に基づけば事態は更に深刻で、叶え方や叶えた後の過ごし方はもちろんのこと、第1部の夢の持ち方でさえ、何ひとつ具体的には触れられていません。すべて、本人任せです。只々「夢を持て」と煽られるだけ。果たしてそれが体系的な公教育の仕事なのか、と首を傾げたくなります。

夢の叶え方については巷に様々なメソッドがありますが、持ち方や実現後のことは手薄で手抜き。なかでも、若者向けは最も貧弱です。

そこで、前節では夢の持ち方について、本節では実現後について、それぞれ簡単にではありますが、触れてきました。

夢の実現後について補足すれば、日本でもようやく「セカンドキャリア」や「パラレルキャリア」や「プロボノ」といった言葉が林立しつつあります。転職や副業など当たり前。学生時代に起業して小さな失敗体験を経験しない選択肢などあり得ない。得手に帆を揚げ休日はボランティア。そんな時代の到来は、そう遠くはないのかもしれません。

人生100年時代。大人自身が前を向いてキャリアを磨き続けねばならないときに、後方から走ってくる若者たちに向けてどんな声掛けや支援ができるのか。これまで夢を決めさせ、初職までの支援に腐心してきたすべての教育関係者が問われることでしょう。

特に、全国に約780ある大学は、半数以上が出口支援の部署名に「キャリア」を冠していますから、ただの就職支援ではなく、いよいよ文字通りのキャリア支援が求められるでしょう。間違っても、個性をねじ曲げることに力を尽くすことの無いようにしたいものです。

夢を持つこと自体は素敵なことだと思いますが、夢を持ったらそれでおしまいではありません。夢の実現後に何が待ち受けるのか。そこから考えられる若者支援とは何なのか。私たちは夢の実現者たちの声に耳を澄ませ、学び続ける必要があるはずです。持てるかどうかがあやふやな夢を引き続き教育の土台に据えるならば、尚更です。

夢のある社会への改築こそ大人の仕事

夢が溢れる社会は素晴らしい。たしかに、その通りでしょう。若者たちが夢を持ちたくなるにはどうすればいいのでしょうか。

前節までは、主に若者たちに対して大人が支援できることを確認してきました。しかし、もっと手軽な方法があります。

それは、大人自身が自分の人生を充実させることです。もし仮に世の中の多くの大人が夢を持って日々を生きていれば、若者たちは自ずと夢を持ちたくなるでしょう。子どもや生徒や学生や部下に夢を求めるならば、自らお手本となって夢に生きればいいのです。

閣議決定までされた「若者自立・挑戦プラン」が掲げた「夢のある社会」。誰でも夢を持てる社会が本当に実現するならば、それは喜ばしいことでしょう。各人が好きなことに夢中になれる豪華絢爛なバラ色社会。夢が溢れる社会とはそんなイメージでしょうか。

しかし、実際には、夢は必ずしも単純に好きなことから生まれているわけではありません。キング牧師が人種差別の根絶という夢を持ったのは、彼自身が人種差別に苦しみ圧倒的に満たされなかった人だからとも言えます。異常なまでに満たされないからこそ、尋常でないほど満たされたいという認知的不協和が拡大し、爆発的なエネルギーとなって夢をもたらしたのです。

夢とは渇望であり、渇望とは欠乏。空腹だから食欲が湧く。完全無欠の人や全知全能の神に夢が宿らないと第二章で述べたのはそういうわけです。何かが足りないから夢が宿る。ワクワク楽しい夢ばかりではないのです。

また、既にみてきた通り、夢はそう簡単には宿りません。そして、そう簡単には叶いません。現に、人生の達人たちの観察から自己実現理論を構築した心理学者のマズロー自身も、自己実現とは芸術家や知識人などの特に創造的な人々のあいだで達成されるものであると言及しています（『完全なる人間』誠信書房）。

加えて、前節で確認した通り、夢は叶えて終わりでもありません。夢の実現者たちのコメントからは、夢を実現した後も辛酸を嘗める可能性があることが想像できます。したがって、字面通り夢に溢れた幸せいっぱいのユートピアの実現は、そう簡単ではないのです。

このように考えると、夢が持てる社会も悪くはないでしょうが、「夢が無いと充実できない社会」よりも、「夢なんて持たなくとも充実できる社会」の方が、余程「夢がある」のではないでしょうか。

これまでの私たちは「夢を持てればきっと幸せな日々が送れる」という前提で、何とか夢を量産しようと齷齪してきました。

既存の社会に若者を当てはめ適合させてきたのです。しかし、第四章で御紹介したように、夢を持たない加算型の生き方は古くから実践されています。私たちは、若者たち個人に手を加えるのではなく、社会に手を施すことができるはずです。個人の改造ではなく社会の改築に汗を掻けるはずです。

社会に手を施すと言っても、社会制度を変えるとか、実力主義社会を明日にでもやめるといった、そんな大掛かりで無謀な試みではありません。

夢が無くとも充実できる生き方を、大人自身がトライする。ただそれだけで十分です。大人の小さなチャレンジは、社会に無数の風穴を開けます。

兆候は、既に現れています。たとえば、シェアするという生き方。シェアハウスを筆頭に、空間・モノ・スキル・カネに至るまで様々な資産を独占せず解放し他者と分かち合う。所有から共有に生き方をシフトする人々は少なくありません。

他にも、奇想天外な発想で依頼が殺到した「レンタルなんもしない人」という森本祥司さんの生き方や「生き方がアートなホームレス」とされる元芸人の小谷真理さん（ホームレス小谷）の生き方。もちろん具体的な手法やその効果については賛否が分かれるでしょうが、新たな生き方を模索していること自体は事実です。

そして、若者たちはそうした新たな生き方に「興味・関心」を示し、反応している。アクションする大人には必ずリアクションを返します。逆に、口だけの大人に若者たちは無反応を決め込む。いまを磨かない大人の通り一遍の人生指南は、彼らにとって無用の長物だからです。

起業も副業も結構。大学院で学び直したり、育児休業で子どもとかかわるも良し。空いた時間に趣味やボランティアに時間を費やすのもいいでしょう。近くの公園で子どもたち向けに紙芝居をしたり、地域の学校に出前講義を提案するなども手です。

生き方とは飯の種をどうするかももちろん関係しますが、究極的には「どこで誰と何をして暮らすか」です。大人が新たな生き方を試行錯誤する姿は、それだけで立派な教材です。結果的に、若者たちに無言のメッセージを送信していることになり、それは歴とした教育と言えます。

「世の中には色んな生き方があるよ」「夢は必需品じゃないよ」と直接メッセージを伝達することは確かに重要です。しかし、身近な大人が多様な生き方にトライしていれば、わざわざ言葉にする必要はありません。論より証拠。行動が物語ってくれるのです。

人材育成とは英語で「Career Development」とも言われます。直訳すれば「足跡の開発」。つまり、先人が道を切り拓くことが後人を育てることになる、ということです。

「言葉で子供を教えられると思うのは大人の思い上がりである」とは偏差値の生みの親・桑田昭三先生の言葉ですが、言葉で語るだけが教育ではありません。言葉で説き伏せることはできても、言葉だけで奮い立たせることはできない。行動が伴っていないからです。

逆に、何も語らずとも、大人が果敢に挑戦して道を開拓することで十分教育になる。「背中で語る」も教育なのです。

若者たちに何かを伝えようとするとき、有言実行は説得力がありますが、不言実行も同様に強力です。「夢なんて無くとも幸せだよ」とわざわざ言わなくとも、そういう生き方を実践する大人を見れば一目瞭然。大人の生き方や生き様から若者たちは感じ取り学び取ります。百聞は一見に如かず、というわけです。

私たちは、忘れかけていた「背中で語る」教育を思い出そうとしているのかもしれません。教具や遊具がすべて子ども用にアレンジされたモンテッソーリ教育は、言葉を通して行う教育ではありません。「あなたたちに最大の敬意を払う」というメッセージを、子ども用の生活環境を丸ごと拵えるという行動でもって示しているのです。

再注目されている禅も然り。「だるまさんが転んだ」でお馴染みのインド人の達磨大師。彼が言葉の通じない中国にその考え方を広めた経緯もあって、禅もまた言葉で教えを語ることを重んじません。「不立文字」。すなわち、文字に頼らず実践を通じた教えこそ伝達の真髄であると考えます。

育児休業中にある医師から教わったことですが、人間ほど子育てに熱心な動物は他にいないそうです。保護者が先に手を出し口を出し過ぎると、子どもが本来持っている学習本能は妨害され、起動しなくなります。

説明書なんて無くとも使い方を学び、遊び尽くすのが子どもという生き物です。「これが社会の取扱説明書だ」と言わんばかりに彼らに教育的指導を施さなくとも、彼らはその場その場で自ら適切に学びます。「習うより慣れろ」なんて言われなくとも、習わずして慣れてしまうのが子どもなのです。

不確実な社会を憂えて、若者たちのキャリアを心配する前に、自分自身がキャリアを磨けばそれで十分です。

「夢なんて無くていい」「さあ歩き出せ」と言葉で急き立てるのではなく、背中で掻き立てる。大人は若者を励ます必要なんてありません。励みになりさえすればいいのです。

キャリア教育などと言いますが、特別なプログラムは必要ありません。外国産の計画的偶発性理論は私たちが古くから知る「人間万事塞翁が馬」。幸不幸が偶然によることは既知です。小難しい専門家の言葉も結構ですが、七転八起の「普通の大人」の背中の方が若者たちの背中を押すことだってあります。多くの若者たちは「普通の人」なのですから。

不敬事件で不本意ながら教師の職を追われ、それでも研究活動や執筆活動をやめず背中で語り続けた思想家・内村鑑三。東大総長や文相も育てた彼は『後世への最大遺物』という講演のなかで、次のように語っています。「人間が後世に遺すことのできる、そうしてこれは誰にも遺すことのできるところの遺物で、利益ばかりあって害のない遺物がある。それは何であるかならば勇ましい高尚なる生涯であると思います」（『後世への最大遺物・デンマルク国の話』岩波書店）。

つまり、私たち「普通の人」でも若者たちに遺せるものは、生き方であり生き様だということです。口で語るキャリアの専門家が増えなくとも、背中で語る普通の大人が増えればそれで十分なのです。


背中で語るなんて古めかしい。そう思われるかもしれませんが、温故知新。実は、先に御紹介した「非評価」も「非妨害」も、背中で語ることで自動的に達成できてしまうのです。自分の人生を充実させず若者たちのことばかり監視していては、つい評価したくなり、つい妨害してしまいます。ところが、自分の人生に集中すればそんな暇は無い。

大人自身が近くを見つめ、目前の課題に対峙することで、評価や妨害をせずに済みます。もちろん、口で説明せねばならないときもあるでしょう。褒めたり叱らねばならないシーンもあるはずです。しかし、そんなときでさえ、言行不一致は最も説得力を持ちません。やることをやっていない大人からの叱咤激励はただのノイズです。「背中で語る」というのは、教育上必要不可欠な営みなのです。

背中で語るなんてできっこ無い。そう思われるかもしれませんが、心配御無用。実は、既にすべての大人が背中で語っています。なぜなら、大人は営業マンだからです。どんな商品を売り歩いているかというと、「生き方」という商品を売り歩いているのです。

若者たちは、大人の一挙手一投足や一言一句を、こちらの想像以上の想像力でもって観察しています。死んだ魚のような目をして日々を過ごしているか、血走った目で気概に満ちた日々を過ごしているか。若者たちは敏感に感じ取っています。無意識のうちに大人は生き方を売り歩き、若者たちに生き方を説いています。「先」を「生」きるのが「先生」。すべての大人は潜在教師なのです。

たしかに、大人は生き方に自信を持てていないのかもしれません。第一章で御紹介したように、高校生の保護者が家庭の日常のコミュニケーションで「夢や目標を大切にしなさい」と言っているのは9割以上でした（『第8回「高校生と保護者の進路に関する意識調査」2017年報告書』一般社団法人全国高等学校PTA連合会・株式会社リクルートマーケティングパートナーズ）。

その一方で、進路について「将来どんな生き方をしたいか」を話す家庭は24・3％にとどまり、「経済や社会の動き」については僅か7・0%です。夢は、経済や社会の動きに影響を受けながらも意思決定する将来の生き方についての最重要事項のはず。それなのになぜ社会のことも生き方のことも話題に上らないのか。

同調査にその答えがありました。保護者が「進路選択についてアドバイスを難しいと感じる要因」として、約半数の43・7%が「社会がどのようになっていくのか予測がつかないから」とし、22・2%が「子どもにアドバイスできる程、自分の生き方・考え方に自信がないから」だというのです。

つまり、社会が予測困難で、自分の生き方に自信が無いからそれらを話題にはせず、只々「夢を大事にしなさい」とだけ助言している。そんな光景が思い浮かびます。

しかし、今後は背中で語るくらいしかできなくなります。というのも、リベラル化・リスク化した社会では、食べきれないほどの料理が溢れるバイキングのように、過分な選択肢から自分に合いそうなものを都度選ばなくてはなりません。そうでなくてはリスクだけが高まります。自らリスクを取って動かなければキャリアは形成されません。文字通り「食っていけない」のです。これは、とても忙しくなることを意味します。

そこに加えて「人生100年時代」です。人生が100年に延びるということは、何もしなくていい期間が増えるわけではありません。100歳まで健康で文化的な最低限度の生活を営むためには、衣食住の確保をしなければならないでしょう。そのための元手を得るための仕事も続ける必要がありそうです。最低限度の生活は誰かから支給されるものではなく自ら獲得するもの。それがリベラル化・リスク化した社会の暗黙のルールです。

そうすると、自分のことで精一杯で、若者たちにかかわれる時間的余裕は潤沢にはありません。他人の人生に口を出している暇は無く、背中で語るのがやっとなのです。

さらに、誰かの人生に助言するという行為は、相手の生き方を理解できていなければできないことです。「なぜ大学ではなく専門学校なの？」だとか、「なぜ著名企業から内定をもらったのに無名のベンチャー企業に就職するの？」など、相手の選択を問うことは容易です。しかしながら、ともするとその質問は、「私のことを何も知らないくせに」という反感を買い、相手を責めるただの詰問になりかねません。

口を出すならば、「あなたのポリシーからすると、今回の選択は意外だったけれど、どうして？」と、まず相手の思考回路を押さえておく必要があります。ただし、これが難しいのです。若者たちの認知を大人は完璧には理解できません。彼らは身近な大人にすべての真実を語っているわけではないため、大人が仕入れられるのは断片的な事実のみだからです。

加えて、人は一般に理解している言語よりも使用している言語の方が乏しいとされます。頭のなかに何となくあるイメージを完全に言語化し出力できるわけではないのです。自分が何を大切にして生きていきたいかは、大の大人でもなかなか分かりません。言語運用能力の面で大人に劣る若者たちについては尚更です。本人でさえ把握・表現が困難な事柄を、他者が理解するのは至難の業です。

ただでさえ自分のキャリア形成に時間が取られるなかで、更に他人の生き方まで的確に理解するには相当な苦労を要しますから、若者たちの生き方に気安く口を出すことは憚られます。それよりは、背中で語る方が得策でしょう。

リベラル化・リスク化した社会。そのなかで生きる100年の人生。身近なロールモデルが不在となる一方で、遠くまでチャンスは散在している。ただし、チャンスの遠近を問わず、リスクを取らねば何も始まらない。そんな社会を生き抜くのが若者たちです。

「これからの社会は不確実である」という御馴染みの常套句。これまで確実だった時代などあったのか。有史以来、未来を確実に予見できた大人が何人いたのか。些か疑問ではありますが、「社会は不確実である」という仮定が正しいとするならば、「これだけは確実に必須である」と言い切れる事柄は少なくなるはずです。それは、夢も同様です。「社会は予測困難だから夢が必要」というのでは「予測が容易だった時代でも夢見た人々」や「夢が無くとも予測困難な時代を幸せに生きる人々」を説明できません。不安を煽り、それらしい一片の成功事例を誇大に取り上げ、必要事項を信じ込ませることはできるかもしれません。ですが、社会が不確実になればなるほど、確実なことはどんどん言えなくなるはずです。私たちは、背中で語るくらいしかできないのです。

夢の量産計画は、少子化対策と発想が似ています。親は、自分以外の第三者を養ってもらう目的で子どもを産むわけではありません。少子化を改善したくて子どもが欲しくなるわけではないのです。親が希望する子どもの数より社会が求める子どもの数の方が多いのは、既存の社会制度を維持するためです。いまの現役世代からいまの年金受給世代に仕送りする賦課方式の公的年金制度では、どうしても必要以上の子どもが必要になる。子どものための社会ではなく、社会のための子どもなのです。

夢も同じです。社会の維持・発展のために夢が求められている。個人のための夢ではなく、社会のための夢なのです。個人にとって目的であるはずの夢が社会にとって手段にされている。若者本位でなく大人本位なのです。「どんな夢でもいいから持ちなさい」というリップサービスは、表面的には太陽のように温和ですが、「夢を持たなければ生きていけない」という意味で根本的には北風のように冷酷。こうした二重人格性でもって、寛容なふりをした不寛容な社会は、いつまで経っても若者たちに夢を宿すことができません。

しかし、社会の制度が整っていないから何もできないと落ち込み手を拱くのは、「机が無いから勉強ができない」だとか「夢が無いから歩き出せない」と不貞腐れ塞ぎ込む子どもも同然です。私たち大人は、社会の制度が整っていなくとも、背中で語ることができます。舗装されていない凸凹道でも、歩き始めることができます。

背中で語ることはできる。いえ、既に背中で語っているのです。どうせ語っているならば、若者たちに何を語るべきか。

第三章で確認したように、キャリア教育の本来の意味は、多種多様な社会へのかかわり方を示すこと。夢に生きる大人も、夢に生きない大人も、それぞれがそれぞれの生き方で、社会へのかかわり方を実演すれば十分ではないでしょうか。

大人の役割は、社会に生贄として若者たちを差し出すことではありません。既存社会に適合するように彼らを改造し、それを教育や躾だと称するのはタチの悪いハラスメント。社会のための若者をつくるのではなく、若者のための社会をつくること。若者たちに夢のある社会をプレゼントすること。それが、大人にできることであり、結果的に大人のためにもなることです。

夢が持てる社会には夢がありますが、夢を持たずして充実できる社会にも夢があります。夢を持つ生き方と持たない生き方。どちらも共存共栄できる多様な社会。そんな「夢のある」社会に改築することが、大人が汗水流して取り組むに値する仕事ではないでしょうか。

おわりに

私たちが日々使用しているモノのなかで、圧倒的に既製品が多いのは、言葉です。身の回りの物事のほとんどは自分以外の誰かが命名したもので、私たちは大半の言葉の命名者ではなくあくまで使用人です。

そんななか、命名行為を特技とする人々がいます。専門家です。命名経験に乏しい私たち使用人は、専門家たちが生み出す専門用語に振り回されがちです。

教育やキャリアの分野でも、様々な専門用語が編み出されてきました。

やれＩＱだＥＱだ、やれリテラシーだコンピテンシーだ。思考は現実化する。人を動かせ。幾つかの習慣がカギだ。誰かが「学力と体力と人間性を合わせて『生きるための力』とする」と言ったかと思うと、別の誰かは「創造力と傾聴力と実行力を合わせて『社会人の基礎』とする」と宣言する。

人生という航海で遭難しないために。或いは成功を収めるために。善意に基づき息つく暇無く乱発される人生指南用語。その覇権争いキャンペーンは、今日もどこかで実施中です。

身に付けるべきアイテムの多さに却って溺れてしまいそうですが、名付け親たちは様々な資質・能力にハイカラな名前を与えます。

社会で生きるにはそんなにも能力が必要なのか。皆が成功に向かわねばならないのか。そんな大層な社会しか築けていないのだとすれば、大人に落ち度は無いのか。

そうした疑問を禁じ得ない一方、どのネーミングも無下にはできない尤もらしさがあり、どの専門用語も重要そうな気がしてきます。

ただし、市民権を獲得できるのは一握り。名付け合戦の勢力図は頻繁に塗り替えられます。優秀人材や成功者の条件には時代性や流行り廃りがあり、雨後の筍宜しく巷に溢れる「○○力」の類のように、すぐに陳腐化してしまうからです。何が重要になるか分からないのが不確実で予測困難な時代なのですから当然でしょう。

ですが、そうした多産多死の難局を乗り越え、不動のロングセラーを誇るマストアイテムがあります。それが、「夢」です。

これまでスーパースターであり続けた夢が、まさか凶器に使われているとは思いもしませんでした。しかし、夢に魘される若者たちは少なくなく、ハラスメントの域に達している事実を知りました。

そして、来る日も来る日も被害報告を見聞きするうちに、彼らの心の叫びが「夢を持たない生き方は無いのか」という大人への問題提起に聞こえてきました。「メッセージを受け取ったお前は何もアクションしないのか」と。

とはいえ、ハラスメント多き昨今です。「ドリーム・ハラスメント」と言ったところで、「またハラスメントかよ」と辟易されるだけで、必要性は低いのではとも考えました。

約3年ほど悩みましたが、幾人かのデジタルネイティブ世代から「本にしてほしい」というリップサービスをもらい、それを真に受け出版社に掛け合う日々が始まりました。

コストを掛けなくとも情報を発信できる時代だからこそ、手間暇を掛けて書籍にすることで、それほどまでに重大な事態であるというメッセージを大人に届けてほしい。本を読まないはずの彼らからの意外な依頼に、そんな主訴を感じ取ったのです。

当然、ほとんどが無関心でした。夢のテーマなど不要不急。「興味・関心」を事前に掻き立てることの難しさを痛感しました。付き合う必要がある論点だとは思われなかったのでしょう。即効性のある薬ばかりが求められがちな近頃ですから、緊急且つ重要な論点として切実性が感じられなければ受けが悪くて当然です。

しかし、そのことが結果的に確信に繋がりました。喜ばしい事態ではありませんでしたが、大人の無関心が募れば募るほど、やはり夢に苦しむ若者たちは「想定されていない」のだというエビデンスが蓄積され、却って発信「せずにはいられない」という衝動に駆られたのです。

本書では、引用部分等を除き、「親」という単語をほとんど使っていません。ある保護者向け講演の直前、先生から「両親や親という表現は控えてください。片親や実の親がいない家庭もありますので」との助言を頂戴して以来、使用を控えているためです。

たった1文字が誰かを傷付ける可能性がある。人は「想定されていない」と感じたとき、この世に存在しないことになる。つまり、生きながら死ぬのです。若者たちも同様。彼らの生き死には、たとえ緊急でなくとも重要事項。少なく見積もったとしても、です。

そんな思いで、書籍化が結実する見込みも無いなか、「非評価」「非妨害」で温かく見守ってくれた家族に、御協力いただいたすべての皆さんに、そして、当初より本企画に強い関心を寄せてくださった、偶然にも同姓の編集者・高部哲男さんに、伏して御礼申し上げます。

夢に苦しむ若者たちから受け取った問題提起を無事社会に送り届けられていれば、まず配達人としての任務は完了です。身辺雑記に終始していなければいいのですが。


本書では、ドリーム・ハラスメントの実態解明と併せて、夢を持たない生き方と持つ生き方それぞれの応援方法についても触れてきました。

「非評価」と「非妨害」。つまり、「大人は若者に口出し無用・手出し無用」という、何とも無愛想で味気ないメッセージです。

本来、もっと積極的に関与する介入型のサポートもあるでしょう。しかし、止め処無い若者たちの悲鳴から、まず応急処置として差し押える必要性を感じた緊要緊急事項が、大人による過剰なまでの評価と妨害でした。

絡まったケーブルが一気に解けないのと同様、様々な要因が複雑に絡まった根が深いドリーム・ハラスメントも、一挙に万事解決とはいかないようです。手持ち無沙汰を御容赦ください。

それでも、若者たちに過剰介入しないことは、それだけでも彼らへの敬意表明であり大いなる支援です。本書が、ドリーム・ハラスメントの問題に小さな風穴を開けられていれば幸いです。

2020年2月11日　高部大問

参考資料一覧

『PRESIDENT Online』プレジデント社２０１９年10月19日
品川女子学院オフィシャルサイト
『大學新聞』大学新聞社２０１９年6月10日
『心のノート』文部科学省
『歌い継がれる名曲案内 音楽教科書掲載作品１００００』日外アソシエーツ
JOYSOUNDオフィシャルサイト
『NEW CROWN』三省堂
『学校基本調査』文部科学省
『絶対内定』杉村 太郎・熊谷 智宏（ダイヤモンド社）
『面接担当者の質問の意図』才木 弓加（マイナビ出版）
『就職指導・支援ハンドブック（２０１８年度版）』日本私立大学協会就職委員会
エン転職オフィシャルサイト
dodaオフィシャルサイト
リクルートエージェントオフィシャルサイト
リクナビNEXTオフィシャルサイト
本田技研工業オフィシャルサイト
『本田宗一郎 夢を力に』本田 宗一郎（日本経済新聞社）

『稲盛和夫のガキの自叙伝』稲盛 和夫（日本経済新聞社）
『松下幸之助 夢を育てる』松下 幸之助（日本経済新聞社）
『Works 72』リクルートワークス研究所
ソニーオフィシャルサイト
ビデオ『日本解剖 経済大国の源泉』NHKエンタープライズ
『スターバックス成功物語』ハワード・シュルツ、ドリー・ジョーンズ・ヤング（日経BP社）
『TIME』タイム社2015年4月27日
『人生がときめく片づけの魔法』近藤 麻理恵（サンマーク出版）
映画『ドリーム』フォックス 2000 ピクチャーズ Blu-ray
『東大新聞オンライン』公益財団法人東京大学新聞社2016年1月14日
『内定とれない東大生』東大就職研究所（扶桑社）
『権力・政治・民衆』ライト・ミルズ（みすず書房）
『ジェームス・アレンの法則』ジェームス・アレン（イーハトーヴフロンティア）
『文部科学統計要覧（平成31年版）』文部科学省
『日本の統計2019』総務省統計局
『高等学校の進路指導に関する意識調査』ベネッセ教育総合研究所2004年
『「自己肯定感を高め、自らの手で未来を切り拓く子供を育む教育の実現に向けた、学校、家庭、地域の教育力の向上」（第十次提言）』教育再生実行会議2017年
『第3期教育振興基本計画』文部科学省2018年
『第8回「高校生と保護者の進路に関する意識調査」2017年報告書』一般社団法人全国高等学校PTA連合会・株式会社リクルートマーケティングパートナーズ

『高校データブック２０１３』Benesse 教育研究開発センター
日本教育社会学会第68回大会
『日本ドリーム白書２０１８』全国都道府県及び20指定都市
『夢をかなえるゾウ』水野 敬也（飛鳥新社）
『21世紀の夢調査』財団法人日本青少年研究所１９９９年
『新しい時代にふさわしい教育基本法と教育振興基本計画の在り方について（答申）』中央教育審議会２００３年
『キャリア教育の推進に関する総合的調査研究協力者会議報告書』文部科学省２００４年
『情熱大陸』毎日放送２０１９年4月14日
『第29回「大人になったらなりたいもの」調査』第一生命保険株式会社２０１８年
『13歳のハローワーク』村上 龍（幻冬舎）
『中学校職場体験ガイド』文部科学省２００５年
『子どもの生活と学びに関する親子調査２０１５』東京大学社会科学研究所・ベネッセ教育総合研究所
『就職白書２０１９』就職みらい研究所
『平成24年版　子ども・若者白書』内閣府
『奇跡と呼ばれた学校』荒瀬 克己（朝日新聞出版）
一般財団法人日本聖書協会オフィシャルサイト
『原文 万葉集（上）』岩波書店
『原文 万葉集（下）』岩波書店
『日本の名随筆（14）夢』埴谷 雄高編（作品社）
『夢の日本史』酒井 紀美（勉誠出版）

参考資料一覧

『Social Research』ジョンズ・ホプキンス大学出版局1999年66号
ソフトバンク新卒 LIVE2012
ソフトバンクキャリア LIVE2018
『大辞林 第四版』三省堂
『仕事の思想』田坂 広志(PHP研究所)
『文明論之概略』福沢 諭吉(岩波書店)
『福沢諭吉教育論集』山住 正己編(岩波書店)
『労働力調査』総務省統計局
『21世紀を展望した我が国の教育の在り方について(第二次答申)』中央教育審議会1997年
『希望格差社会』山田 昌弘(筑摩書房)
『学力と階層』苅谷 剛彦(朝日新聞出版)
『教育を経済学で考える』小塩 隆士(日本評論社)
『教員勤務実態調査(平成28年度)』文部科学省
『初等中等教育と高等教育との接続の改善について(答申)』中央教育審議会1999年
『若者自立・挑戦プラン』若者自立・挑戦戦略会議2003年
『小学校 キャリア教育の手引き』文部科学省
『夢があふれる社会に希望はあるか』児美川 孝一郎(KKベストセラーズ)
『今後の学校におけるキャリア教育・職業教育の在り方について(答申)』中央教育審議会2011年
『小学校・中学校・高等学校 キャリア教育推進の手引』文部科学省
『「教員の働きがいに関する意識調査」報告』社団法人国際経済労働研究所2012年
『世界』岩波書店2007年3月号

『軋む社会』本田 由紀（河出書房新社）
『キャリア教育のウソ』児美川 孝一郎（筑摩書房）
『中学校・高等学校進路指導の手引 第15集 体験的・探索的な学習を重視した進路指導』文部省
『平成29年度職場体験・インターンシップ実施状況等結果（概要）』国立教育政策研究所
『教育改革国民会議報告』教育改革国民会議
『キャリア・コンサルタント養成計画について』厚生労働省
『「夢追い」型進路形成の功罪』荒川 葉（東信堂）
『日本のメリトクラシー』竹内 洋（東京大学出版会）
『バカの壁』養老 孟司（新潮社）
「DeNA南場氏は、なぜ教育に燃えているのか」東洋経済ONLINE ２０１５年3月23日
大学改革シンポジウム「起業と大学教育」基調講演２０１５年
『「超」進学校 開成・灘の卒業生』濱中 淳子（筑摩書房）
『福翁自伝』福沢 諭吉（岩波書店）
『幼稚園、小学校、中学校、高等学校及び特別支援学校の学習指導要領等の改善及び必要な方策等について（答申）』中央教育審議会２０１６年
『THE WALL STREET JOURNAL』ダウ・ジョーンズ社２００8年5月
映画『耳をすませば』スタジオジブリ
映画『魔女の宅急便』スタジオジブリ
『禅とジブリ』鈴木 敏夫（淡交社）
『ライフサイクルの心理学』ダニエル・レビンソン（講談社）
『希望学』玄田 有史（中央公論新社）

『働くひとのためのキャリア・デザイン』金井 壽宏（PHP研究所）
映画『千と千尋の神隠し』スタジオジブリ
『働かないアリに意義がある』長谷川 英祐（メディアファクトリー）
『平成26年版　子ども・若者白書』内閣府
一般社団法人日本セルフエスティーム普及協会オフィシャルサイト
「『使命』を軸に考えるGROOVE X林 要のキャリア論」WANTEDLY JOURNAL ２０１7年10月16日
『ルソー全集 第七巻』ルソー（白水社）
『エミール（上）』ルソー（岩波書店）
『児童の世紀』エレン・ケイ（冨山房）
『職業相談場面におけるキャリア理論及びカウンセリング理論の活用・普及に関する文献調査』独立行政法人 労働政策研究・研修機構２０１６年
『大人のための偉人伝』木原 武一（新潮社）
『小さく賭けろ！』ピーター・シムズ（日経BP社）
『クランボルツに学ぶ夢のあきらめ方』海老原 嗣生（講談社）
『キャリアプランニングの視点〝Will, Can, Must〟は何を根拠にしたものか』法政大学オフィシャルサイト
トークイベント『藤原和博氏、トライセクター・リーダーを語る』トライセクター・リーダー渋谷 Lab 実行委員会２０１６年2月22日
『新成人に関する調査』株式会社マクロミル
『定本 本田宗一郎伝』中部 博（三樹書房）
『キャリアの心理学』渡辺 三枝子（ナカニシヤ出版）

『日刊スポーツ』２０１９年10月10日
『モンテッソーリの教育』マリア・モンテッソーリ（あすなろ書房）
『学問のすゝめ』福沢 諭吉（岩波書店）
『日本辺境論』内田 樹（新潮社）
『スタンフォード大学 夢をかなえる集中講義』ティナ・シーリグ（ＣＣＣメディアハウス）
『ビジネスＺＥＮ入門』松山 大耕（講談社）
『単純な脳、複雑な「私」』池谷 裕二（講談社）
『よみがえれ、偏差値』桑田 昭三（ネスコ）
『選択の科学』シーナ・アイエンガー（文藝春秋）
『偏差値の生みの親・桑田昭三氏へのインタービュー』全国語学教育学会
『のびのび』朝日新聞社１９７５年12月号
『日本経済新聞』２０１９年10月8日 朝刊
『完全なる人間』アブラハム・Ｈ・マスロー（誠信書房）
『後世への最大遺物・デンマルク国の話』内村 鑑三（岩波書店）

イースト新書
124

ドリーム・ハラスメント

「夢《ゆめ》」で若者《わかもの》を追《お》い詰《つ》める大人《おとな》たち

2020年6月20日　初版第1刷発行

著者
高《たか》部《べ》大《だい》問《もん》

編集
矢作奎太

編集協力
高部哲男

発行人
北畠夏影

発行所
株式会社
イースト・プレス
〒101-0051
東京都千代田区神田神保町2-4-7久月神田ビル
Tel:03-5213-4700　Fax:03-5213-4701
https://www.eastpress.co.jp

装丁
木庭貴信+川名亜実
（オクターヴ）

本文DTP
松井和彌

印刷所
中央精版印刷株式会社

PRINTED IN JAPAN
ISBN978-4-7816-5124-8